「自然体」がいちばん強い

桜井章一

日本実業出版社

はじめに

ストレスの多い社会のせいか、力を抜いてもっと気楽に生きたいと感じている人が最近は増えていると聞く。そんな人たちがよく口にするのは、「〝自然体〟で生きる」という言葉だ。

だが、「自然体」とは何なのか？　その気になれば、それは今からでもすぐにできそうなことのように思えるが、実際はけっこう難しい。

理由は簡単だ。われわれ現代人はあまりにも人工的な環境に囲まれすぎて、**「自然の体」がどういうものなのかがよくわからなくなっている**からだ。

だからもし、あなたが手っ取り早く「自然体」を実感したければ、山や海に出かければいい。深い森のなか、木々の緑が発する香りに包まれて深い呼吸をするとき、穏《おだ》やかな海面に何も考えず体をゆらゆら浮かべているとき、あなたの体と意識は「自然体」に限りなく近づいている。

しかし、そのとき心身で経験した自然な感覚は、ふだんの生活にはなかなか持ち帰ることができない。

「自然体」というと、「肩の力を抜いて生きればいいんでしょ？」とか、「がむしゃらにがんばるクセをなくせばいいんじゃないか？」といったことをイメージする人も多い。

そうはいっても、これまで長い習慣のなかで肩に力を入れて「がんばることはいいことだ」「自分を磨いて上へ行こうと努力することはいいことだ」とやってきた人が、急にそんな姿勢を捨てるのは、そう簡単なことではない。

一瞬なら、「自然体」になれるかもしれない。でも、それを本当に身につけて継続するには、その前に「自然体」というものへの深い洞察と理解が必要でもあり、体の面からも自然な状態がどういうものなのか、感覚的につかまなくてはならない。

私はかつて麻雀の裏プロ（代打ち）として20年間、真剣勝負の世界に生きてきた。「代打ち」とは、大金のかかった勝負で、政治家とか財界人といった人たちに代わって麻雀を打つ者のことを指す。賭けられているものが常識では考えられないほど大きいゆえに、負ければその世界ではやっていけなくなるのみならず、下手をすれば身を危険にさらすことにもなる。

そんな厳しい勝負を繰り返しながらも、**私が幸いにしてただの一度も負けたことがなかった理由の一つは、絶えず平常心でいられる「自然体」で勝負に臨めたから**だと思う。人は本当の自然体になったとき、己が持ちうる最大の可能性を発揮できるのである。

本書では、私がふだん感じたり、考えたりしている「自然体」というものを、あらためて多角的に深く掘り下げ、体と意識が自然の状態になるための方法をわかりやすくひも解いていく。それをお読みいただければ、きっと**あなたが持っていた自然体のイメージは一新される**はずだ。

今の社会環境のなかで、常に「自然体」で生きていくことはたしかに難しい。でも、どんな人でも一日のうち数時間くらいなら、心と体を自然な状態に近づけて生きるのは可能だと思う。「人生の半分を自然体で生きる」。まずはそんなイメージを持って、「自然体」を心がけてみてはいかがだろうか。

目次

第2章 カラダから自然体になる

第4章 シンプル思考が自然体をつくる

装丁　杉山健太郎
写真　北村泰弘
ＤＴＰ　ダーツ
編集　髙木真明

第1章

自然体は なぜ 強いのか

01

勝負強い人はみな自然体だった

私が麻雀の代打ちとして真剣勝負をしていたとき、「こいつはできるな」「手強いな」と感じた相手はほんの数えるほどだった。私が言う本当にいい打ち手、すごい打ち手というのは、メディアで紹介される麻雀のプロなどのレベルとはまったく違う。

そんな打ち手に共通していたのは、打ち方の動作であった。彼らの指の動き、手の動きはこれ以上ないほどやわらかく、静かで速く、そして一ミリの無駄もなかった。それはまさに自然の動きに近かった。風にそよぐ木々、水の上を静かに広がる波紋《はもん》、流れゆく雲……。自然のなかで絶えず起こっているなめらかな変化の前に、彼らの動作を置いてみても何ら違和感はなかっただろう。つまり、文字通りの「自然体」なのである。

麻雀は打つ動作を見れば、その人の実力が一目瞭然にわかるもの。まだ麻雀を始めて間もない人でも、打ち方を見れば筋の良し悪しがわかる。これからどれだけ伸びるか予想がつくのだ。

自然体は強い。それは勝負の緊張する局面でも平常心でいられ、やわらかくて些《いささ》かの力みもないゆえに、最大の可能性を発揮できるからである。

このことはもちろん麻雀に限らず、さまざまなスポーツや勝負ごとにおいてもいえる。どの世界でも頂点を極めたところにいる人は、常なる自然体を持っているものである。

02

人工社会で、どう自然体に生きるか

コンピュータやロボットといった科学技術が著《いちじる》しい進化を遂《と》げ、そのうち人間がやっている仕事の多くは、機械に取って替わられるのではないかと推測されている。

人間がつくった科学文明は爛熟《らんじゅく》を極め、その果てに出現したのは自然とは正反対の徹底した人工的な環境である。そんな人工社会で生きる現代人が、果たして「自然体で生きる」ことなど可能なのだろうか。

たとえば、**文字通り自然のなかに出かけて行って、そこで暮らせば「自然体で自然な生き方」ができるというものではない。**

「自然」と聞けば、絵ハガキに出てくるようなきれいな風景を思い浮かべる人が多いと思うが、実際の自然はそんな甘いものではない。人間の想像をはるかに超えた厳しさをそれは持っている。

だから、自然の真っただなかで生きるのは非常に困難を伴う。人間は文明を発展させることで自然から離れすぎたため、なおさら自然と調和して生きていくことが難しい。

人がつくった社会に生きていれば、絶えず計算したり、考えごとをしたり、頭を使っったりして生きていかざるをえない。しかも、この社会では計算がうまかったり、人よりも先んじてものごとを思いついたりすれば、評価をされる。

つまり、自然から離れて人工度を高めた生き方をうまくすればするほど成功したり、幸せになったりすると考えられているのだ。

だが、太古自然のなかで生活していた人間の遺伝子は、今も現代人のなかにある。そして、その遺伝子はあまりにも人工的な環境には十分適応できない。

だから、この人工的な社会で生きていくことは必然的にストレスであり、今「自然とともに生きる」ことへの志向が強くなっているのは当然なのだ。

自然は、人の想像を超越する力を持っている。自然に生きる、自然体で生きるということは、自分のなかに眠っているそんな力を取り戻すことでもある。

私は麻雀の真剣勝負をやっていたとき、ポケットによく石や小枝や葉っぱを入れていた。それは意識してそうしているのでなく、勝負が済んでポケットを探ると、そうしたものが不思議とたくさん出てくるのである。おそらく勝負を前にした私は、自然のものに触れることで本能のスイッチを開こうとしていたのだと思う。

心や体に染みついた不自然さを消し、自然体で生きることは、そう簡単ではない。せかせか生きず、力を適度に抜いてがんばらないでやっていく。そのくらいであれば、ある程度はできると思われるだろう。たしかに、それも一つの自然体の生き方である。

だが、自然体というものは、もっと深い意味を孕《はら》んでいる。その深さに触れなければ、本物の自然体への道筋は決して見えてこないだろう。

03

焦りがあると、自然体にならない

たまに、ごみごみとした町中へ出かけたり、都心部へ向かう電車に乗ったりすると、現代人の気ぜわしさがよく伝わってくる。私を通り越していく誰も彼もが、それぞれの目的に向かってあわてて生きているかのように思えるのである。

もちろん、自然体の人などそのなかに見つけ出すことはできない。いったい、彼らはどんな焦燥《しょうそう》に駆られているのだろうか？

この経済的な価値観が最優先の社会においては、まさに経済戦争ともいうべきものが日々繰り広げられている。

そんな激しさが増す競争社会に身を置けば、一刻でも早く成果を上げ、利益を上げなければという気持ちは焦りを生むに違いない。

ビジネスの熾烈《しれつ》な争いは、環境の劇的な変化を必然的に促す。ちょっと前は「十年ひと昔」と言われたのが、今では一年前でもひと昔といった感がある。そんな目もくらむような変化についていかなくては、時代に取り残されるという焦りもあるだろう。

また、この社会の環境は、ネットやメディアを通して欲望を刺激するものであふれている。それもまた、現代人に強い焦燥感をもたらしていると思う。

なぜなら、刺激を受けて起こる欲望は、すべて現実に満たされることがありえないからだ。宙ぶらりんになった欲望は、着地点をどこかに探そうと右往左往するが、なかなか見つからない。そんなさ迷う欲望が焦りをもたらすのである。

こうした理由によって現代人の焦燥感が煽《あお》られているとすれば、それに対する処方箋もそれなりに考えられる。

一つは、**成果や効率を求める仕事の在り方から、面白さや楽しさを感じる仕事の在り方へと変える工夫をいかにしていくかだ。**成果主義や効率第一主義から距離を置いて、違う角度から仕事をとらえ直すのである。

もう一つは、**自分にとって本当に大事なもの、必要なものをきちんと考えることだ。**それが見えてくれば、日ごろの自分がいかに無駄なものを追いかけたり、あってもなくてもいいようなものをほしがったりしていることがわかると思う。

そのためには、自分の身の丈がわからないといけない。欲望をたくさん抱えている人にとって、等身大の自分は足りないものだらけに感じられるだろう。しかし、足りないという気分は、実は環境がもたらした錯覚なのだ。自分が一種の幻影に惑わされていたことがわかってくると、今あるものを存分に生かせられれば十分だと気づく。

そうやって、**焦りの気分に支配された自分から、徐々に間合いを取っていく。**それが自然体を回復するための確実な一歩になるのである。

04

自然に片足を置け

今の人がとらわれている焦燥感がいかなるものから生まれ、そしてそれはどうすればやわらぐのか？　そんなことを述べたが、「焦り」というものは同時に強い緊張を伴うものである。

激しい競争のなかで少しでも早く目的を叶え、目標を実現する。そんな環境に等しく身を置く現代人の多くは、当然ながら焦りとプレッシャーからくる緊張の入り混じった気分を、常に抱きながら生きていかざるをえない。

緊張した心は固く、融通の利かないものになりがちだ。だが、心と密接につながっている体も、緊張で張り詰めたものになっている。緊張で硬くなった体はますます心を固くさせ、体と心はマイナスのキャッチボールを行なう。

緊張と焦りを薄めるためのもっとも基本的な姿勢は、自分の存在が自然の一部であると認識することにある。

海や山に出かけると、ふだんの生活や仕事でため込んだ異物で固くなった心が、やわらいでくるのを感じないだろうか。

自然はものを言わない。しかし、その無言のメッセージは、人知を超えた圧倒的なものを孕んでいる。自然のなかに身を置くと、人はそのようなものをどこかで感じざるをえない。そのとき心を閉ざしていては、自然の声は響いてこない。

だが、自然に身を預けるような気持ちになれば、自然の声は体のなかで明朗に鳴り響くだろう。自然の一部である人の体は、自然のなかに入ると共振《きょうしん》現象を起こすのだ。

人間がつくった文明や文化といったものは、自然からはみ出たものだが、そのはみ出したものが持つ違和感や滑稽《こっけい》さを自然は教えてくれる。

自然は人間が最終的に戻っていく場所だ。だが、生きた生身の体を持っていること自体が、すでに自然に片足を置いているということも忘れてはならない。

そんなことに思いを馳《は》せながら、自然のなかに片足をいつも置いておく。都会にいても自然のなかに片足を置いているつもりでいる。まずは風に揺れる木の葉に目を留める、といったことからでもいい。風や空気、太陽の光線をはじめ、見えないものを意識する。緊張や焦燥を根本からやわらげるのはそんな意識なのだ。

05

風まかせの生き方をする

私は自分のこれまでの人生を振り返ってみると、幸いなことに絶望にとらわれたり、深刻に落ち込んだりするようなことがなかった。それは、言ってみれば「風まかせの生き方」をしてきたからではないかと思う。

もしかしたら、寸前のところで絶望の淵に落ち込みかねないという機会は幾度もあったのかもしれない。なのにそうならなかったのは、その手前で風が吹いてきて、そのまま流されたからだと思っている。

帆船が風を受けて水の上を走るように、風が自分を動かしてくれているかのように生きてきたという感覚が私にはある。もちろん、自分の意思の力も当然働いているが、最終的には風が私の行き先を決め、背中を押してくれたような気がする。

もっとも、「その風とは何なのか？」と問われれば、明確に答えることはできない。あえて言えば、**自然の感覚に委ねたときに生まれる流れ**のようなものだろうか。

私が「こういうときは〜しなくてはいけない」だの、「〜すべきだ」という頑《かたく》な考え方にとらわれていたら、風はおそらく吹いてこなかった。強い思い込みがないから、こことぞいうときに新しい風が吹いてきて、それに乗って身軽に別のところへ行けたような気がする。

「～しなくてはいけない」「～すべきだ」という考え方は、どんな人でも持っている。ただ、その対象となるものが多いか少ないかで、生き方は大きく違ってくる。

「～しなくてはいけない」「～すべきだ」という思考のクセが強すぎる人は、ある意味理想が高い。しかし、現実はむしろ「～しなくてはいけない」「～すべきだ」と思っても、そうならないことのほうが圧倒的に多いものだ。

「～しなくてはいけない」「～すべきだ」という固定観念にとらわれて不自由な思いをすることが多い人は、その考え方が本当に正しいのか、今一度疑ってみるといい。

あなたの**「～しなくてはいけない」「～すべきだ」という考えの多くは、「～したほうがいい」という感覚に換えても本当はいいはずである。「～したほうがいい」と思っていれば、実際そうならなくても「まあ、いいか」と感じられる。**

そうやって、「～しなくてはいけない」「～すべきだ」という考え方をなるべく外していけば、風は自然と起こってくる。自然体とは、そんな風通しのいい生き方から生まれるのではないだろうか。

06

自然体だと、危機に対しても素早く動ける

危機に見舞われたときに、人は素が出る。ふだんどういう姿勢で生きているか、どんな動き方をしているか、どんな体づかいをしているか、そんなことが如実に現れてしまう。口では立派なことを言っていても、いざとなったら弱さや狡《ずる》さが露呈してしまったり、とっさに適確な行動がとれなかったり、いろいろなボロが出てくる。

とくに自然のなかで危機に見舞われるときは、現代人はかなりもろい。なぜなら何度も言うように、今は技術や文化がつくり上げた人工的な空間のなかで、みな人工的な生き方をひたすらしているからだ。

自然から離れた**「不自然体」**とでもいうべき体になっている現代人は、大きな地震がきたりすると、どう行動していいかわからず、心も体もパニック状態になってしまう。海や山で命にかかわるトラブルに見舞われたときに、自然体の感覚を宿した人と不自然体の人とでは、生死の確率もまったく違ってくるだろう。

自然界の生き物が危機に出くわせば、彼らは瞬時に本能の力をフルに発揮して最善の動きがとれる。だが、人が同じく危機に直面しても、悲しいかな、日常の「つくられた動き」以上のものはできないのである。

07

大人よりも、子どものほうが自然体に近い

子どもと大人を比べたとき、自然体に近いのは明らかに子どもである。

子どもというのは落ち着きがない。とくに幼児期は、親が「静かにしなさい」とたしなめても、ほとんど聞き入れたりしない。好奇心が赴《おもむ》くまま体が動き続け、それが止むのは彼らが眠ったときぐらいである。

だが、「落ち着かない」動きは年齢を重ねるとともに消えていく。「落ち着かない」動きは、周りの人の迷惑になるだけでなく、本人が勉強でもスポーツでも集中する際の妨げになるという理由で、親や先生から強く直されるからだ。上から「集中しろ」と言われ続けて子どもは集中することを覚え、徐々に落ち着いた振る舞いができるようになるわけだ。

けれども、**「落ち着かない」ことは悪いことではない**。人間も動物のうちだが、動物とは「動くもの」だから動物なのである。「働く」という字も「人が動く」と書く。常に動く。それがすなわち生きることなのだ。

そもそも生命とは絶えず揺れ動くものゆえ、体が常に動き続けることはごくごく自然なことである。環境の変化に合わせるためにも、絶えず動いていなくてはいけない。だから、動くことには本能的な意思が潜んでいる。傍《かたわら》から見れば落ち着いた大人であっても、心のなかは絶え間なく揺れ動いているものだ。心は一瞬たりとも落ち着いていないのに、体だけ落ち着くよう整えているとすれば、不自然である。

このように、**絶え間なく動くという生命の本質を考えれば、落ち着いて何かに長時間集中するのは、本能から離れた行為でもあるのだ。**その意味で大人とは、「落ち着こうと自らをコントロールできる人」と定義してもいい。

落ち着いた大人を見ると、あたかも軸が一本しっかり通っているかのように感じられる。だが、体を通る軸が一本だけなのは不自然なことだ。野生の生き物たちを見るとそれがよくわかる。猿でも蛇でも鳥でも、彼らは軸をたくさん持っていて、それを瞬間、瞬間、あらゆる角度へ柔軟に動かしている。

幼児の落ち着かない動きにも軸がたくさんあって、それが絶え間なく回転しているのを感じる。

つまり、軸が一本あって中心が定まった状態よりも、軸がたくさんあって中心も常に移動している状態のほうが、自然の体に近いといえる。このように、本当の自然体とはそのイメージとはかなり違う実体を持っているのである。

08

クセが少ないほど自然体になれる

どんな人にもクセはある。だが、クセは生まれもってあるものではない。長い時間をかけ、習慣や思考、感情の志向によってつくられるものだ。

自然界の生き物にはクセがないように、クセというものは人工的な環境のなかで形成される。それゆえ、**自然から離れた生活をしている人ほどクセは多い。反対に、自然との距離が近い生き方をしている人はクセが少ない。**

たとえば、アフリカの奥地で都市文明に毒されていない暮らしをしている人たちと、東京のど真ん中で暮らしている人たちとでは、体に現れるクセの数はまったく違うだろう。頭や口にしばしば手をやる人。話を聞くときに顎《あご》に手を持っていく人。貧乏揺すりをしょっちゅうしている人。すぐ腕組みをする人……。文明からほど遠い暮らしをしているアフリカの部族には、そんなクセを持った人はほとんど見られないに違いない。

クセは心のちょっとした偏《かたよ》りを現していることが多い。だから心の病にかかっている人は、周りがすぐ気づくような強いクセを持っていたりする。

髪の毛をいつもいじっていたり、頬《ほほ》をなでたり、顔に手を持っていくことが、この手の人には多く見受けられる。人工的な環境は不自然であるがゆえに、心の調子を狂わすものが無数にある。そうしたものが、大なり小なりクセになっていくのだ。

それでは、クセというのは取り除くことはできるのだろうか。

比較的新しくできたクセであれば消すことも可能かもしれないが、長年の暮らしのなかで身に染みついたようなクセは、なかなかなくせるものではない。それは、意識の深いところに刷り込まれたものだからだ。体のクセは思考のクセや性格のクセが形になったものでもあるから、もしクセをなくしたいなら考え方や性格を変えなくてはいけない。

だが、そんな頑固なクセでも一瞬だけ消えるときがある。すぐ元に戻ってしまうが、ほんの少しの間だけ消えることがありうるのだ。

それは、クセがつく前の幼少期の純粋で素直な気持ちに戻れたときである。その時点まで逆行して、今の自分を丸ごとそこに投影できれば、クセは束の間消える。

素直とは「素」になることである。**背伸びをせず等身大でいられるとき、人は素になっている。**その状態をもし持続できれば、クセは次第に消えていくはずである。

09

自然と一体になったことはあるか？

自然と一体になることができれば、文字通り自然体が実現する。私が海に好んでよく出かけるのは、自然と一体になれる喜びがあるからだ。

私は夏になると、いつも一か月近く伊豆の海に道場生たちと合宿に行く。そこでは毎日のように海に行き、泳いだり、素潜りで魚を銛《もり》で獲ったりして遊ぶのである。

そうやって海で遊べるのは、「海に許してもらっているから」という気持ちが私にはある。だから海に入るときは頭を下げ、海へ向かって入ることを許してもらう。

私が海に潜ると魚は逃げないで寄ってくる。だが、東京から伊豆に着いて初めの一日目、二日目あたりは、私が近づくと魚は逃げる。きっと不自然なものを体が発しているのだろう。そうした汚れが落ちたとき、私は海と一体となれるのである。

慣れていない人は決して真似をしないでほしいが、私は海辺でときどき太陽を直視する。このときも自然と一体になれる瞬間を味わえる。

長い時間、太陽を直視すると目に危ないと思われているから、そんなことをわざわざする人はいないだろう。私が太陽に向かうときは、目だけを使わず、体全体で太陽のエネルギーを受け取る感覚で見る。目だけだと長い間、見続けることができないのに、体全体を使うとそれが可能なのだ。

太陽がまぶしいのは「太陽」と「自分」を別々に分けているからだ。「太陽」のなかに「自分」を入れて一体化すれば、まぶしくはならないのである。

太陽を見るのは、太陽がもっとも天空高く頭の真上にくる、正午あたりの時間帯がいい。見ていると、太陽の色は徐々に変わってくる。

最初のうちはオレンジが黒に変わり、さらに見続けると緑になる。そして、最終的には緑の周りを金色の光が円環《えんかん》のようになって輝き出す。「グリーンフラッシュ（緑閃光《りょくせんこう》）」といって、太陽が水平線に沈み切る直前、緑色の光が一瞬輝くことがある。大気のゆがみが作用して現れる非常に珍しい現象とされているが、私が言う緑色の太陽はそれとは違う。

朝や夕方の太陽の光が弱いときや、都会の汚れた空気の下では、このような現象は起きない。夏の海辺のような、あくまで空気が澄んでいて、太陽の光が強いところでないとダメなのだ。

太陽を見続けていると、エネルギーがどんどん体に入ってくるのがわかる。**生命を生かす大元のようなエネルギーが体に充満してくると、体に思いもよらぬ変化が生じたりする。**

一度、足が痛くて歩くのにやっとこさという状態のとき、太陽にエネルギーをもらったら、一緒にいた道場生たちの先頭を切ってスタスタと岩場を歩けるようになった。

緑色は人によっては見えない。一緒にやる道場生も見えるものもいれば、見えないものもいる。あくまでも太陽を丸ごと体のなかに入れ、一体化するような感覚にならなければ、緑色に見えたり、エネルギーをもらったりすることはできないのだ。

10

大木のような「いい揺れ方」をする

私が主宰する雀鬼会の道場には、いろいろな人が訪ねて来る。そういう人と接して思うのは、「心が揺れているな」と感じる人が、今とても増えていることだ。

そんなこともあって、揮毫《きもう》を頼まれたりすると「揺れない心」と書くことも少なくない。

だが、「揺れない心」というものは、厳密に言えばない。血が流れている人間である限り、誰しも心は揺れている。泰然自若《たいぜんじじゃく》としている人でも心は揺れている。

限りなく「揺れない心」が例外的にあるとすれば、心を深く病んでしまった人とか、宗教など極端な思想に凝《こ》り固まった人ぐらいだろうか。ついでに言えば、完全に揺れない心を持った人は、死んだ人間だけである。

すなわち**揺れない心というのは、いい揺れ方をしている状態を指している**のであって、「心が揺れているな」という人は悪い揺れ方をしているのである。

われわれの生命の出発点には、そもそも「揺れ」がある。最初は無数の精子のなかから一つの精子だけが卵子へとたどり着いて受精が起こり、生命が誕生する。精子の揺れと卵子の揺れがうまく合わさったからこそ、人の生命は生まれるのだ。つまり、精子や卵子の揺れがなければわれわれは存在しない。

生命を持っているものは、みな絶えず揺れている。じっとして動かない生き物でも、体のなかでは血液や体液や細胞が揺れ動いている。どっしりとした大木でも、根は水を吸い上げ、葉は光合成を起こしている。

自然を大きな生命体としてとらえれば、そのなかにある海や山だって絶え間なく揺れている。動いてないように見える大地にしても、体に感じない微細な地震を常に起こしているのだ。

心がいい揺れ方をするにも、自然から学ぶといいだろう。

自然のなかには、小川のせせらぎや波が穏やかに打ち返す音、ホタルの明滅する光など、人の気持ちを心地よくさせる波動を持ったものがたくさんある。人の心も自然でゆったりした状態のときは、いい揺れ方をしているのだ。

人はピンチに追い込まれると、心を激しく揺らす。しかし、そんなときに平常心でいられる人もいる。では、平常心を保っている人の心が揺れないかといえば、そんなことはない。ふだんのいい揺れを崩すことなく、ピンチに向かい合っているのだ。

いい揺れをしている心は、大木にたとえるとわかりやすい。**大木は風が吹くと枝や葉っぱを揺らすが、太い幹はどっしりとして動かない。**「揺れない心」とはそんなイメージだろうか。

「心を揺らすまい」と思うのではなく、いい揺れ方をする。心地いい揺れ方をする。そんな構えが「揺れない心」を導くのである。

11

軸がないと、ブレる

「あいつブレているな」

言動に一貫性がなかったり、いつもどこかズレていたりする人は、しばしばそう批判される。なぜブレるのかというと、軸がないからである。逆にブレていない人は、当然だが軸がしっかりしている。

けれども、今の社会は軸をしっかり持って生きることが難しい。それは「自分を売る」ための誘惑や刺激がとても多いからだ。

多くの人にとって、さまざまな情報や知識や技能を身につけるいちばんの動機は、それによって人から評価されたり、仕事上、戦力として高く買ってもらいたかったりするからだ。

本来、自分から見てどういう価値があるのかを決めるべき行為が、いつも暗黙のうちに他人の評価が基準になってしまっているのである。すなわち、**常に軸が定まらないのは、他人の評価に合わせるように生きているから**なのだ。

だが、経済的な価値観がいくら支配的だからといって、売れるものは何でも売ればいいというものではないだろう。これを売ったら、「自分でなくなる」と感じたら、「ここは売らないよ」というものをしっかり持っていないといけない。

軸というのは、自分がこういう価値観を持って、こういう姿勢で生きるといった一つの覚悟のようなものから生まれるものだと思う。そうはいっても、これまで軸が定まらず、そのときどきの情勢や周りの空気、他人の評価に合わせて生きてきた人にとって、それは難しい。

そうであるなら、「こういうことはよくない」「これはしない」といった否定形の基準をつくって、それを行動の指針にするほうが、軸はつくりやすいと思う。「こういうことはしない」という一線を守って行動していれば、おのずとその人なりの軸が定まってくるからだ。

積極的に何かをしようと行動するにはエネルギーがいる。だが、「これはしない」と決めて行動をしなければ、エネルギーは別にいらない。もしかして誘惑に抗する葛藤はあるかもしれないが、せいぜいそのくらいだ。

「こういう姿勢で生きよう」という積極的な価値基準を持つより、「こういうことはしない」という否定的な価値基準を持ったほうが軸をつくりやすいのは、こうしたことも理由である。

ところで、私がこれまで現役時代に麻雀で戦ってきた相手もそうだが、自然体を感じさせる人は、見方によっては一見すると軸がないようにも見える。たしかに、その場、その場で柔軟に自分を変え、周囲と軋轢《あつれき》なく、さりげなくやりすごす風情を見れば、そんなことを思わせる。

だが、そこに軸があるかないかで、実際の生き方はまったく違う。たとえば、変化が激しい環境にその二人を置いてみれば、それは明白になる。軸がない人は、まさに変化に翻弄《ほんろう》され、右往左往することになるだろう。他方、**軸を持っている自然体の人は、変化にやわらかく対応しながらも自分を失うことがない。**

自然体というものは軸があってこそ、しなやかな対応ができるのだ。ただし、その際の軸は一本だけではない。一つの軸だけでやっている人は、一つの強い信念にこだわりすぎて、かえって折れやすくなるのである。

私がイメージする自然体を生み出す軸は一つでなく、たくさんある。しかも、それらの軸は宇宙ゴマの軸のように、上下左右斜めどこにでも自在に動く。そんな軸を持っている人が、本当の意味での自然体でいられるのである。

12

「思い」は軽く持つ

一つのことにとらわれ、思いに沈んでいる人を見ると、その人がいかにも重たいものを抱えているように感じる。**「思い」というものは反芻《はんすう》して深めていくと、錘《おもり》がついたように心の底に沈んでいく。**

そして、いったん底に沈んでしまったものを、周りが「それは思い込みだよ」「固定観念だよ」と諭《さと》しても、本人は聞く耳を持たないのである。

心は絶えず揺れ動いており、揺れが大きいほど不安も大きくなる。だから、その不安を抑えようとして、思いを重たくしたり、固定観念を使ったりして、心の揺れを安定させようとするのだ。

だが、このように心に重しを抱えている状態は、不自由な罠《わな》にとらわれているようなものだ。

たとえば、何事も完全にやらないと人間としてダメだとか、世間的に評価されなければ生きる意味がないといった思い込みは、心を自由にさせるだろうか？

思いを深めるようにして思考を進めると、正しい答えにたどり着くのではと考えがちだ。しかし、現実は往々にしてそうはならない。

私は思いを持つとき、なるべく軽く持つようにしている。それは**「ふと思う」という感覚**だ。そんな思いは瞬時に現れ、次の瞬間にはスッと消える。決して心の澱《おり》になるようなことはない、軽みのある思い。自然体とはそれを連ねていくように生きることである。

13

自然体は運をも招く

自然体に近い生き方をしている人は、運に恵まれるものだ。なぜなら、**自然体で生きることは心地よく、気分がよければ運はやってくる**からだ。

気分がよかったり、楽しかったりするとなぜ運はくるのか？　それは逆を考えてみればいい。

運に恵まれているとき、悲しいと思う人はいないだろう。ツキがあるな、運がきているなと感じているときは、誰でも楽しいはずである。

つまり、運がくると気分がいいなら、反対に気分よくすごせば運はやってくるということになる。心地よく生きている自然体の人が、運に恵まれるのは理にかなったことなのだ。

私は仕事をはじめ、どんなことでも楽しくなるようにいつも心がけている。

以前、雀鬼会の道場の壁には「楽しくなければ道場じゃない、楽しくなければ会長じゃない」という標語が貼ってあった。雀鬼会ではみんなが工夫をして、いかに楽しい場にしていくかがいつも問われているのだ。

「しんどいな」「きついな」と感じる仕事であっても、視点を変えたり、工夫をしたりして少しでも楽しくしていけば、嫌々やっているより、仕事の運も上向いていくはずである。

不快なところに自分を置いているなと思ったら、そこから離れる工夫をするのだ。

気分がよくなるほうへ持っていく。自然体の感覚で生きている人には、それが楽にできるのである。

14

重心を常に下に置く

スポーツでは、どこに重心を置くかで体の動きやキレが変わってくる。いい動きをしている選手を見ると、必ず重心は下にある。野球のピッチャーでもバッターでも、重心が下の位置で安定していればいいピッチング、いいバッティングができる。ピッチャーであればコントロールがよくキレのある球を投げることができるし、バッターであれば安定した鋭いスイングができる。

重心を下に置くべきものは、何も体だけではない。生き方も同じだ。考え方にしろ、行動の取り方にしろ、**重心が下にあるほうが正確でムダのないものになり、また安定感と持続性にも富む**。自然体の人は、言うまでもなく重心が下にある。

だが、現代人の重心の置き方は、かなり上にきているように思う。それは体を使って仕事や生活をすることが、昔に比べて非常に少なくなったからだ。頭ばかり使っていれば、当然のように重心は上にきてしまう。頭に重心を置いたことで科学文明はここまで発展してきたわけだが、そうやってできた重心が上にある社会は、とてももろい。リーマンショックのような金融危機に襲われると、それはひとたまりもない。

自然体が崩れ、重心が上すぎると、人も社会も柔軟性を失い、問題を多く抱え込む。重心をいかに下に降ろすか、その工夫や努力を真剣に考えるべき時期にきていると思う。

15

現代社会は平常心を失いやすい

平常心とはふだんの心のことである。「平常心でいろ」とよく言うのは、**気負いのない平らかな心で事を成せば、たいがいのものはうまくいくからである。**

だが今の時代、ふだんから心は平らかではない状態にあるのではないだろうか。ネットやスマホを通して入ってくるおびただしい数の情報。絶え間なく消費欲求を刺激してくる商品のコマーシャル。変化があまりにも激しい経済や政治の動き。超高齢化社会や急激な人口減少など、問題山積で先行きが見えない不透明さ……。このような社会で生きていれば、おのずと心は平静さを失くすと思う。

かく言う私も、不穏な水がひたひたと足元に押し寄せているのを常に感じている。平常心という、常にある心を持てなくなりつつある環境に囲まれていれば、どこかおかしな緊張を抱えていたり、理由がはっきりしない焦りの念にかられたり、へんな高揚感にとりつかれていたりするのは、仕方がないことかもしれない。

ここでも、現代人が平常心を見い出せるものは、もはや人ではなく、自然界の生き物だ。海を泳ぐ魚や空を舞う鳥。彼らが体で表している自然体の生き方は、われわれが常なる心をふだん持てなくなるほど、過剰にものを背負って生きていることを教えてくれる。自然体を教えてくれる本当の師匠は、何よりも自然界の生き物なのである。

16

変化に身を委ねる

生きていれば、人は必ずどこかでピンチという状況に出くわす。そんなときは考えれば考えるほど迷いが深くなり、ますます脱出口が見つからなくなったりするものだ。

私は絶体絶命のピンチのときは、自然の動きを思い出している。刻々と変化する雲、浜辺に打ち寄せる波、木立を吹き抜ける風、ごつごつした岩場を軽やかに進む川の流れ……、これらを瞼《まぶた》の裏に甦《よみがえ》らせ、自在に変化していく有り様を静かな思いで見つめる。

自然の変化する流れは、行く手に障害物があろうとそんなものはものともせず、形を変えてそれを貫き、乗り越えていく。心もこのような自在さがあれば、いかなるピンチに出会っても、それを悠々と乗り切ることができるはずだ。

もしも心にいかなる思考も混ざっていなければ、自然に近いレベルの自在さを持ちうるだろう。

だが、ふつうは何らかの思考がさまざまに混じっていて、本来の自在さや柔軟さは失われている。だからこそ、**川の水が流れるままに、風に吹かれるままに、自然の変化に心身を委ねるような感覚をどこかで常に持つ**こと。それは私の生き方にもなっている。そんな感覚があるからこそ、これまで多くのピンチを切り抜けてこられたと思うのだ。

第2章

カラダから自然体になる

17

流れるようにして体を動かす

自然界の生き物は、環境がもたらす大きな流れのなかに絶え間なくある。周りの樹や石に合わせて体の色や形を変えたりする「擬態《ぎたい》」は象徴的な例だが、彼らはその変化の流れに一分の隙間《すきま》なく合わせて生きている。変化に合わせられなくなれば、それは生命の死を意味するのだ。

人の生命も、本来はそんな自然界の生き物と同じように、環境の大きな流れに即して変化していくものだったはず。まさに文字通り、自然体でなければ生きていけない時代が、大古の昔にはあったのではないだろうか。

ところが、人が文明を生み出してからは、環境の変化に自然体で合わせる必要はなくなってしまった。つまり、人間の文明の歴史とは、人が自然体をどんどん失っていく過程でもあったのだ。

現代人はたくさんの目的を持って生きている。その目的に対して、常に「ああしよう」「こうしよう」とあれこれ考えて行動をしている。

ところが**体というのは、目的を持って意識的に動かそうとすると、力が入り、硬くな**

る。自然体の体は流れるように動いているが、頭で考えた思考や意識が導く体の動きは、流れに詰まりがあってスムーズではない。

麻雀でも「早くツモろう」と気持ちが前のめりになれば、不自然に力が入った硬い打ち方になってしまう。動作が硬ければ当然いい流れは生まれず、いい結果が導かれることはない。


体に流れをつくり、自然体の動きを取り戻すにはどうすればいいか？

たとえば、こんな実験をしてみるといい。

立った状態で目の前の床に何か物を置き、身をかがめ、手を伸ばしてそれを取るという動作をしてみる。この動作を意識的にする場合と、はっきり意識しないでする場合とで比べてみてほしい。

最初は、目標物を目でしっかりとらえて取ってみる。その次は、立った状態のときに目標物をちらっと眺めてから視線を外し、手をそのあたりに伸ばして取りにいく。

やってみるとわかるが、前者と後者とでは体の動きが明らかに違う。前者は硬くて重いが、後者はやわらかくて軽い。前者の動きに比べて、後者は動きに流れるようなスムーズさがある。

なぜ、そんな違いが出るのか？

それは「つかみにいこう」といった「～しよう」という目的意識が、体の動きから流れを消してしまうからだ。体に流れをつくり、**自然体の動きをするには、力を抜き、「～しよう」という意識をどこかで外さないといけない**のである。

希望や目標を実現しようとするときも同じだ。希望や目標はつかもうと思って手を伸ばしても、なかなかつかむことができない。**希望や目標に対しては「つかむ」ではなく、あくまでも「触れる」という感覚を持つ**ことだ。

常に頭で考え、目的意識をたくさん抱えている現代人が、自然体を取り戻すのは難しいことである。だが、力を抜いたり、流すように体を動かしたりすれば、自然体に近づくことはできる。

そのためには、一日に数回でも意識のスイッチを切り替え、自分の体を自然体に変えようと試みるといいだろう。

18

変化に合わせるために体をやわらかくする

麻雀牌を数え切れないほど持ってきた私の手は、あたかも激しい修練を積んだ後のように、厳しく人をはねつけるような硬さで覆われているのではないか。そんなイメージでもあるのか、私の手を触った人はみな「えっ、こんなにぷにょぷにょなんですか！」と驚く。実際、70歳をすぎた今でも、赤子の手のようにものすごくやわらかい。

柔らかいのは手だけではない。「ヨガの先生になれますね」と言われるほど、体全体がやわらかいのだ。さすがにこの年になるとできないが、数年前までは足を上げて首の後ろから引っかけることもできた。もっとも、わざわざ体をやわらかくする目的で、習慣的に何か特別な体操をするようなことは私の性に合っていないし、またその必要もない。

体がやわらかいからといって、ストレッチなど何か体をやわらかくすることを日常的にやっているわけではない。ただ、体を動かすのが好きで、麻雀道場で道場生相手に体を使った遊びは日ごろよくやっている。ちょっとした気の持ち方次第で、ふつうの日常生活を送るなかでも、体を自然にやわらかくすることはできる。

生活というものは連続した小さな変化からできている。その変化に動作をやわらかく合わせていけば、体はやわらかくなるのだ。常に力を抜いて流れるように動く。そんな一つひとつの小さな動きの積み重ねが、結果的に大きな差になるのである。

19

心の動きは体に現れる

何かを強くつかもうとするときは、親指に力が入る。ものだけでなく、目標や成功といった目に見えないものをつかもうとするときも、人は無意識に親指に力が入っている。

かなり前に雀鬼会の道場生だったＯＢの妻が、「最近、親指が伸びなくなって、ものが自由につかめなくなったんです」と相談にやって来た。

整形外科へ行っても理由がわからず、整体や針など、さまざまな民間療法を試みても一向によくならないという。日常生活にもさまざまな支障をきたすし、趣味のピアノもまともに弾けない。誠に途方に暮れた様子であった。

指が動かなくなった原因として、私には精神的なものが強く影響している気がした。親指の動きは、「つかむ」という意識と密接な関係がある。その「つかむ」意識が強くなりすぎて、体の不具合が引き起こされているのではないか。そう感じたのだ。

彼女はちょっとしたことでも「ムキになる」ところがある。**ムキになると、いい結果はまず生まれない。不必要な力みが入れば、ますますものごとがうまくいかなくなる。**そんな思うようにいかないさまを見て、またムキになる。ムキになることは悪い連鎖しか引き起こさない。

彼女の旦那は今、東北の地元に帰り、親の会社を引き継いで経営している。経営者であれば、売上をいくらにしようとか、会社をこのくらいの規模にしようとか、さまざまな目標を持つと思う。従業員を抱えて重い責任がある立場の彼に同調して、彼女は無意識のうちに力んだ生き方をしていたのだと思う。

そんな彼女に、生き方から力を抜くことをどうやって伝えればいいのか。私はまず、道場生相手に相撲をとらせてみた。相撲は単純に力のあるものが強いわけではない。女性であっても力を絶妙の加減で抜けば、やわらかい動きになって、通常の力では優っているものに対しても勝つことができる。

彼女はけっこう力があるので、力でぶつかってくる道場生には勝てたりするが、やわらかく力を抜いてあたってくる道場生にはまったく歯が立たない。

その後、私は彼女に「葉っぱが木から落ちる」動きをさせてみた。手を上に真っ直ぐに上げてから、手の重さにまかせてストンと下に落とすのである。そのとき、落とそうという意識がどこかにあればきれいな動きにはならない。肩やひじが硬くなって動きがなめらかにならないのだ。

ところが、手の先を葉っぱに見立てて、葉っぱがひらひらと落ちてくる感じでやると、力が抜けてくる。それを何度もやらせてから、彼女に傍らにあった座布団をつかませてみた。すると、それまで固まっていた親指がスッと動いてつかめたのだ。

彼女はもちろんのこと、私も含めてその場にいたみんなが感動した。葉っぱ一枚の動きを真似るだけで、固まっていた手の指が動くようになったのだ。意識を捨てて体を自然な状態に近づけるとはどういうことなのか、彼女にはもっと理解できたはずだ。

心の動きは必ず体に現れる。そのくらい心と体は密接につながっている。たとえば、心のバランスが崩れれば、体はその人の弱いところが不調になって現れる。彼女の場合は、長年ムキになって力づくで何でもやってきたことが心身のひずみになっていて、それが指に出てしまったのだ。

その後、自宅に帰った彼女はこわごわピアノを弾いてみたところ、ちゃんと弾けたそうだ。

20

自然体の人は、小指の使い方が違う

私はタバコを吸うが、最近の100円ライターは着火するのにけっこうな力がいる。これは、子どもが遊んで事故を起こさないための防止策であるという。

100円ライターを着火するには親指でスイッチを強く押さないといけないが、それが私にはできない。一般の成人男子であれば、そんなものは簡単にできることだろう。私ができないのを見ると、みな「冗談ですか?」という顔をする。だが、演技でも何でもなく、本当にできないのだ。

なぜできないのかといえば、おそらくふだんの生活のなかで、親指に力を入れることをしないからだと思う。

人は力を入れるとき、無意識のうちに親指に力を込める。私は自分の生き方において、「力を入れる」ということを基本しないようにしているので、親指に力を入れて使うことにおそらく意識的なブロックがかかるのだと思う。

そんな私が大切にしているのが小指だ。小指はふつう五本ある指のなかで、もっとも存在感のない指と思われている。何かを持ったり、運んだりするとき、補助的な役割しか果たしていない他の指の添え物のような弱々しい指。そんなイメージが小指にはある。

だが、小指の本来の役割は、そんな固定観念を大きく打ち破る。むしろ五本の指のなかで、もっとも重要な意味合いを持つといってもいいかもしれない。

たいがいの人は親指を使った体の動きが習慣になっている。親指に力が入った動きをするとき、小指はあまり使われることがなく、その存在はほとんど意識されることもない。

こんな実験がある。机の上に置いてある手元近くのグラスを持ち上げ、そこから少し離れたところに手を伸ばすようにして置く。その動作を、小指をコップから離して他の四本だけを使う場合と、四本の指に小指を添えて置く場合とで比べてみるのだ。小指を使ったときよりも小指を使わない置き方は、グラスを置くときにやや乱暴になって音も大きい。

麻雀の牌を拾うときも、小指を使って軽く弧《こ》を描くようにしてすると、ふわりとやわらかくできる。ところが、親指と人差し指、中指の三つの指だけで拾いにいくと動作が硬く、きれいにできない。

どんな動作でも、小指を意識して使うと動きがやわらかく、スマートになる。木彫《きぼり》職人でも寿司職人でも、手を使う職人で名人と呼ばれるクラスは、小指の使い方がきれいだ。踊りの名手ともなると、間違いなく小指の使い方に特徴がはっきり現れるだろう。

親指に頼った体の動きは、硬くてぎこちないものになる。それは、小指本来の役割を無視した動作になるからだ。それゆえに、一見すると力がこもっているようで、それほど力も出ない。

たとえば、拳《こぶし》を握ってパンチを繰り出すとき、親指に力を入れてやってみてほしい。腕が体から離れたようになって威力が出ないはずだ。

沖縄空手は刀で親指を斬られた侍が、沖縄に渡って始めたという異説がある。空手の突きは、握った拳に親指は軽く添えられている程度である。その侍がもし小指を斬られていたら、空手はできなかったであろう。親指が指のなかでもっとも力が出せる指だからといって、その通りに力を込めるべきではないのだ。手を使った作業でもスポーツでも、あくまで小指を主体にして親指はやわらかく使ったほうがいい。

このように小指の役割を考えれば、自然体の動きというものは親指に頼らず、小指をうまく使うことで可能になることがわかる。

21

体を正直にすると、気持ちも正直になる

自然体の体というのは正直だ。体を包む環境や気配の流れに素直であること。それが正直な体だ。**正直な体というものはどこにも力が入っておらず、違和感がどこにもない。**

体を正直にすると、気持ちも正直になる。反対に気持ちを正直にしても、体は正直になるわけではない。体が正直になると、力を入れずして楽にいろいろな動きが可能になる。

たとえば、椅子に腰かけている人を立たせたければどうするか？　これは体を正直にすると、相手の背中を手で軽くさすり上げるだけで、簡単に立たせることができるのだ。こちらの体の動きがつくる流れに、相手がふわっと軽く乗っかってくる感覚である。

そのときは手のひらでなく、手の甲を使う。なぜなら、手のひらだと習慣的に何かをつかみにいく動きになって、どうしても力が入り、流れが生まれないからだ。ところが、ふだん使われない手の甲を使うと、力が自然と抜けるのである。

力が抜けた状態で相手の体を触ると、相手のなかに入って一体化する感覚が生じる。

相手と一体化できれば、何の力も使わず相手の体を動かすことができるのだ。

私は格闘技の専門家でもないのに、プロレスラーや相撲取りなどが麻雀道場に「体の使い方を教えてほしい」と言ってやって来る。

私の倍以上も体重がある彼らを、私は力を入れないで投げ飛ばしたり、押し倒すことができる。彼らは不思議がるが、これも私が体に正直になって相手と一体化しているからこそできることなのだ。

こちらが50の力、相手が100の力ではとても勝ち目はない。ところが、相手が100だろうが150だろうが、相手のなかに入って一体化できれば、こちらと相手の間の境界は消えてしまうので、100や150という力は意味がなくなってしまうのだ。

流れのなかで力を抜いた正直な体は、常識でははかれない力を発揮する。それは自然体になることで、体の奥に眠っている自然の力を借りられるからである。

22

自然体に戻すには、遠くにある雲や緑を見る

最近は電車に乗ると、向かいに腰かけている人のほとんどがうつむいてスマホをいじっていたりする。これだけスマホが普及し、長時間いじる習慣が根づけば、多くの人の心身に何らかの影響が出てくるのは当然である。

視力が落ちたり、睡眠不足になったり、スマホの過度な使用は人間を自然体からどんどん離れさせている。そして、視線が下にばかり向いていると、気分も下降気味になる。

しかし、これは実際に試してみるとわかるのだが、**逆に視線をほんの少し上に向くようにすると、気持ちも上向く**。

心が重いとうつむき加減になるわけだが、面白いのは、そういう人は体まで重くなることだ。重くなるといっても、物理的に体重が増えるわけではない。

たとえば、視線を下に向いた人を後ろから抱きかかえたときと、次に同じ人が視線を上に向けたときに抱きかかえたときとでは、不思議なことに前者のほうが重たく感じられるのである。

視力の低下をカバーするには、なるべく遠くを見る時間をつくることである。

大自然のなかでは遠い地平線を見ればいいのだろうが、都会ではそうもいかない。風に揺れ動く樹の葉っぱを見てもいいだろうし、夜空に浮かんでいる月を眺めるのも悪くない。

視線がスマホの画面に向かっているときは、体の流れが止まっている状態だが、**視線を遠くに移せば、流れはゆるやかに動き出す。**

視線一つでいろいろなものが変わるほど、体は精妙にして繊細なものなのだ。

23

体の動きは完結させない

流れるように一つひとつの動作がつながっていく。それが理想の自然体の動きである。動きがつながって流れをつくるには、体はやわらかくなくてはいけない。体が硬ければ変化に素早く対応できず、流れるような動きにはならない。

たとえば、電車のなかで立っているときは、体を硬くして踏ん張っていると、ちょっとした揺れでもよろめいてしまう。このとき体がやわらかければ、揺れとともに体の流れがしなり、多少の揺れでもよろめくことはない。

吊革《つりかわ》や手すりに手をかける際は、ぎゅとつかんでいるとそこから体全体が硬くなるから、そうしないほうがいい。

つかむのではなく、軽くさわる。そんな感じで吊革や手すりを持っていると、揺れたときに体がやわらかく対応できる。そのときバランスを崩して大きくよろめいても、次の動作に瞬間的に移れる。

体の動きは一つだけで完結させてはいけない。体に力が入っていると硬くなるために、動作の一つひとつがブツ切れになり、しかもムダを孕んだ大きなものになってしまう。

それこそ、体を覆う目に見えない流れや変化は常に数十、数百もある。そんななかで**一つひとつの変化にいちいち大きく反応し、ムダに動いてしまっては、すべてにおいて間に合わなくなってしまう。**硬くてムダが多い動きは、それ一つで流れが途絶えてしまうのだ。

流れと体の関係について、最近のメジャーリーガーのイチロー選手の動きを見て、ふと思ったことがある。

イチローは日本のプロ野球選手、メジャーリーガーすべての野球選手のなかで、もっとも自然体でプレーができる選手だと私は思っている。体の使い方が力が抜けていて、とてもやわらかいからだ。

本人は50歳まで現役を続けるというが、最近はいまいち打撃が振るわない。その原因はもちろん年齢からくる衰えもあるだろうが、それだけではないと思う。

最初からスターティングメンバーとして出場する機会がめっきり減り、試合の途中の代打で使われることが多くなっていることも一因ではないだろうか。

イチローは、走攻守すべてに渡ってバランスのいい選手である。しかも、そのいずれも突出した技量を持つ。この三つがすべてそろって優れている選手は、プロでもそういるものではない。

このような選手は「打って、守って、走って」という三つが循環する流れになる。ところが、代打で打つだけのプレーだけになると、この流れが起こらない。

三つを巡っていい流れが循環することで、プレーヤーとしての力が相乗効果で高まるはずなのに、それができないのだ。流れが悪ければ自然体の持ち味も殺《そ》がれてしまう。

だが、イチローはこちらの想像を超えた力を持つ選手である。代打出場であってもいい流れをつくり出す突破口を、今後見出すかもしれない。

24

強い人は、速くて静かに動く

学生時代に麻雀を始めたころ、「何で負ける麻雀をわざわざ打つ人がこんなにも多いのだろう？」とよく感じていた。努力して負ける麻雀を打っている人は、よく観察していると打つ動作も不自然だ。

牌を打つときに肩から大きく手を振りかぶるようにしたり、上体が一瞬前に傾いたり、ともかく体の動きにムダが多いのだ。ドタバタしていてとても見苦しい。一方、きれいな打ち方は体が揺れることがなく、手の先だけが最小限の範囲でやわらかく動く。

たとえば、卓に倒れている牌を片手で起こすとする。そのとき、ふつうは指や手首を使って牌を起こそうとする。だが、指も手首を動かさず、スッとなでるようにして私は牌を起こすことができる。これは練習すれば誰でも多少はできるようになる。

このときの動作は静かで速く、傍から見ていると何がどうなっているのかがよくわからない。まさに**「動いて動かず」**という動きなのだ。

昔、ある対戦相手が私の打ち方を見て、「陽炎《かげろう》打ちだね」と言ってきたことがあった。こちらの動作が見えないと言うのだ。

速くて静かな動きは相手に悟られない。野生の動物が獲物を狙って飛びかかるときの動きが、まさにこれだ。見えないほどの速い動き。それは強さに通じるのである。

25

ひと口食べる感覚で力を抜く

自然体の体には力みがない。では、力を単純に抜けば自然体になれるのかというと、そういうものではない。

一般的にはがんばったり、努力したりするのはいいことだと思われている。だが、がんばったり、努力したりするには力を込めないといけない。そんな固定観念が刷り込まれているから、何かをするときにどうしても無意識に力が入ってしまう。

無意識に力を入れることが習慣になっている現代人に「力を抜け」と言っても、簡単なことではない。「力を抜く」とは、力が入った状態から力を引き算すればいいものではないからだ。それは「押してもだめなら引いてみな」というときの「引く」とは違う。

どこにも緊張がなく、やわらかな状態に体を置くことが「力を抜く」状態なのだ。

力が入った状態から力を引き算すれば、脱力した無力な体が姿を現すだけだが、全身をくまなくやわらかい状態に置けば、体はしなやかな強さを持つ。

私は力の抜き方がわからないという人に、「『ひと口食べる』感覚を持つといいよ」とアドバイスすることがある。「ひと口食べる」というのは、「ほんの少しだけ」というニュアンスである。

以前、プロレスラーの中邑真輔《なかむらしんすけ》選手（※現在、アメリカのプロレス団体WWEで活躍中）が、タックルの仕方や蹴り方に関して、私のところにアドバイスを求めてきたことがあった。そのときに、この「ひと口食べる」感覚を使うといいよと教えた。

蹴りを入れるとき、相手を強く蹴ろうと思って蹴るのと、「ひと口食べる」という微妙な感覚を持って蹴るのとでは、強さも与えるダメージもまったく違うのである。強く蹴ろうという目的意識を持てば、どうしても体に力が入ってしまい、強さが生まれない。しかも、蹴ろうとするわずかな構えが事前に起こるので、相手に気づかれてしまう。

ところが、「ひと口食べる」という感覚ですると、体からムダな力が抜け、足がやわらかくしなって強い衝撃を相手に与えられる。そのうえ、蹴ろうという構えがないので相手には防ぎようがない。

「力を抜いて」とアドバイスすれば、たいていは「力を抜く」動作に意識がとらわれる。そこに意識がある限り、本当に力を抜くことはできず、自然体にはなれない。だが、**「ひと口食べる」という感覚を持つと、そこに力を抜くとっかかりができる。**感覚に即した言葉を工夫することも、体を自然体に近づけるうえで大切なことなのである。

26

思考は感覚を邪魔する

ロンドンオリンピックの卓球団体で銀メダルを獲った平野早矢香《さやか》選手が、以前、私にこんなことを言ってきた。

「練習量では誰にも負けない。だからもっとうまくなっていいはずなのに、なかなか壁を破ることができないんです」

「これだけ練習をしたんだから、成果が出るのは当たり前」。彼女はそう考えていたわけだ。それに対して私は、「そこまで見返りを求めるのはストーカーみたいなもの。卓球から逆にもっと愛してもらうようにならないと……」と答えたのだが、自分がこなしている練習に対してかなりの自信があったのだろう。

だが、技術や形ばかりを追い求めても限界はある。彼女は最終的に「技術を超えたところにある感覚を磨くことが大事なんだ」ということに気づいてくれた。

その後、再び会った彼女は、私にこう言ってきた。

「練習をどれだけたくさんやっても、これではまだ相手に通用しないという不安がある。けれども、感覚はそれを探っていくと、練習するときとは違う種類の不安を覚えます」

卓球なら、「何かラケットが今日は重たく感じるな」とか「グリップを握る指の感じがどうもしっくりこない」といったように、感覚はいつも違う。

誰しもそんな感覚の微妙な変化は日常経験している。たとえば、仕事で毎朝駅まで歩く人が、「今日は足が軽いな」とか「振っている右手は左手より重く感じる」とか、細かく観察すると、歩くときの感覚もそのつど違うものを感じるはずだ。

感覚はそうやって絶えず変化する。それゆえつかむことはできない。感覚を探っていって不安を覚えるというのは、感覚がまさにつかみどころがないものだからだ。

もし、「ラケットを持つ感じはいつも変わりません」という感覚であれば、それは単に鈍感というだけの話だ。

感覚を探るときは、思考を止めなくてはいけない。思考は常に感覚の動きを邪魔するものだからだ。

どんなにものを考えていないように見える人でさえ、考えることを習慣にしてしまっている。それゆえ、思考を止めて自然な状態で感覚を探っていくのはけっこう難しい。

だが、純粋に感覚を探っていくことがなかなかできなくても、違和感を感じることなら比較的たやすくできる。違和感を覚えるということは、反対に違和感のない領域を探れる可能性があるということだ。すなわち、**違和感を感じれば、それを外していく工夫をすることで、自然な感覚に触れる扉が開かれるのである。**

27

耳を澄ますと、感覚の世界が広がる

麻雀を打つとき、私はどこにも焦点を合わせていない。自分の牌に対しては見ていながら見ておらず、何となく場の全体の空気をボワッと眺めている感じである。

私に言わせれば、視線をあちこちに動かしたり、手元の牌をじっくり見たりして打っている人は、間違いなく下手である。

牌を動かしているとき、私は目よりも耳の感覚を澄ましている。耳は、場の状況を如実に教えてくれるのだ。たとえば、牌を切る音で「相手は焦っているな」といったようなことがスッとわかったりする。

耳を澄ましていると、ものの気配やちょっとした動きを敏感に察知できる。座頭市は目は見えないが、目が見えている人より人の動きを鋭くとらえる。あのように、**耳は感覚的な領域においては目以上の働きをする**のである。座頭市はまさに耳で世界を見ているのだ。

壁の向こうは見えないが、そこにもし何か生き物がいれば、その気配を感じることはできる。

目を閉じ、耳を立てると、感覚の世界が広がり出す。体のなかに眠っていた自然の感覚が立ち上がってくるのである。

思い起こせば、私が出会った本当に強い勝負師は、勝負の最中、みないずれも眼差しの先の焦点がボワッとしていた。

凄腕の勝負師と聞けば眼光鋭いというイメージがあるが、そうではないのだ。彼らは**目に頼りすぎると肝心なものが逆に見えなくなる**ことが、本能でわかっていたのかもしれない。

28

究極の自然体になれる場所

スポーツのアスリートなどが「ゾーンに入る」という言い方をしているのを最近よく耳にする。「ゾーン」に入っているときは、力がどこにも入っておらず、あたかも自分がその場を完全にコントロールできる、自在の境地にいるような気分になるらしい。

私も勝負師時代は、これと似た体験をしょっちゅうした。

しかし、勝負の最中にゾーンのようなところに入ることがあっても、勝負に臨む前はそれこそいろいろな感情が湧《わ》き起こった。

「もしかしたら俺は負けるんじゃないか」という不安と、それを打ち消すかのように「いや、俺の強さがあれば負けることなどありえない」という自信が交互に表れては消え、感情を揺らしていた。

ところがいざ勝負に入ると、そうした感情は跡形もなく消え、心の内は何もないシーンとした静寂だけがあった。牌を動かす手だけが、自分の意思とは別のところで生き物のようにひたすら素早く動いていた。

「勝つんだ」という気負いもなければ、不利な状況になっても「ヤバいな」という不安も起きなかった。静かな緊迫感のなかで、目に見えない大きな力が私を動かしているのを感じていた。

このゾーンのことを、私は**「ニュートラルな場所」**と呼んでいる。ニュートラルな場所に行くには、行こうと努力して行けるものではない。ただ、いったんそこに入ると、自分でも信じられないような常識外れの動きができる。

「ニュートラルな場所」を言葉で表現するのは難しいが、感情らしき感情が湧いてこないゼロの地点といえる。

私は、「喜びと悲しみ」、「希望と絶望」、「自信と不安」、「否定と肯定」といった相反する感情の間に、自分を常に置くようにして生きてきた。そのことが、感情も何も起こらないゼロの地点へ入りやすくしているのかもしれない。

感情というものは基本、どこかに力みが入っているものだ。怒りにしろ、悲しみにしろ、希望にしろ、絶望にしろ、どこかに力が入っている。こうした感情から力みを取ると、希望でも絶望でもなく、悲しみでも喜びでもなく、否定でも肯定でもない、相反する感情の間に立つことができる。

私は思考にしても、感情にしても、そうやって力みを取ることを常に自然にやってしまう。そのこともまた、**一切の感情から離れたゼロの場所**に立つ準備になっていた気がする。

一切の感情が生起しないゼロの場所は、言ってみれば純粋な感覚の領域である。究極の自然体というものがあるとすれば、私はこのニュートラルな感覚を足場に置いたときにこそ生まれるものだと思っている。

第3章

自然体になる習慣

29

自然体になる習慣は、気分のいいことから始まる

人は自分を向上させるために、何らかの習慣を少なからず持っているものだ。朝は必ず六時に起きて体操を10分間するとか、一日に最低30分は読書をするとか、健康になるために納豆を欠かさず食べるとか、いろいろあるだろう。

しかし、私には「こうすればもっとよくなるから」としている習慣がない。というより、そもそもそんな習慣を持ちたいと思っていない。

もっとも、人から見れば「それは習慣じゃないですか？」と指摘されることをいくつかやっているかもしれない。

だが、それは少なくとも意識していることではない。私が生活のなかで何か習慣めいたことをしているとすれば、どれも自然といつの間にかやっていることである。

私は一人でいるときは、自分にとって心地よく感じることをなるべくしていたい。他人と一緒だと、どうしても嫌なものを受けてしまう。だから一人でいるときぐらいは、気分よくすごしたいのだ。

そんな思いからやっていることが習慣になるのなら、それは悪くないことだ。気分よくすごせる時間が多いほど、心も体もリフレッシュされる。心に澱はたまらないし、体も元気でいられる。気分がいいからやる。

好きだからする。楽しいからやる。そんなところから自然体で習慣をつくることができれば、それは最高の習慣だと思う。

30

心温かきは万能なり

「愛」という言葉に純粋な響きを感じる人は少なくない。なかには「愛があれば救われる」「愛こそすべて」といったことまで言う人もいる。

だが、愛は本当に素晴らしいものだろうか？　私は愛に対しては大きな錯覚があると思っている。愛は、言うならば「所有欲」だからだ。

「え、そんなものでは絶対ない」と思う人は、次のことを想像してみてほしい。

あなたが愛する異性があなたを無視して、別の人に強い好意を示しているのを見たとしたら、あなたはどう思うだろうか？　嫉妬、怒りや憎しみの感情がそこにはきっとあるに違いない。こうしたマイナスの感情は、相手を自分が独り占めできないときに湧いてくるものだ。それは何よりも愛が所有欲であることの証である。

愛は純粋なものと思いがちなのは、それが無償のものという気持ちがあるからだろう。

しかし、本当に無償のものであれば、たとえ好きな人が自分のことを無視しても、怒ったり嫉妬したりはせず、その相手に変わらぬ愛を寄せ続けるはずだ。

だが、現実の愛は見返りを求める。「これだけ愛しているんだからその分返してくれ」と相手に要求するのだ。見返りを求めるものが、どうして純粋なものといえるのだろう。

もっとも、なかには無償といえる愛がたまにあるのも事実だ。街中で困っている人を見たら助けようとする。電車の踏切で立ち往生している老人がいれば救おうとする。これなどは無償の愛といえるかもしれない。ただし、これは愛という言葉でくるものではなく、どちらかというと本能に近いところから出てくる感覚的な行動のような気がする。私は愛をこのようにとらえているので、愛という言葉は使わない。**愛の代わりに「温かさ」があればいい**と思っている。

「心温かきは万能なり」ということを昔から私は言っているが、**心にしかるべき温度があれば人は救われる**のだ。それは高すぎてもいけないし、低すぎてもいけない。あくまで適温であることが大事だ。

ところで「心温かき」の大元は何だろうか？

それもやはり自然であろう。人間も含めて、この世のあらゆる命は自然から恵まれたものだ。自然から恵まれたということへの感謝の気持ち。それが「心温かき」の源泉にあるものだと私は思う。人間同士で交換される有償の愛など、この自然の恵みと比べたら、ほとんど取るに足りないものである。

31

自然体になるには「己」を知る

「自然体」というと気の向くまま、欲望の向くまま、勝手気ままに何でもやっているような人をイメージするかもしれない。

しかし、もちろんそんなものは自然体でも何でもない。気の向くまま、欲望の向かうまま、好きなことを自由にやろうとする人がもしいたら、その人は自分のことがわかっていないと思う。

自分がわかっていないから、ちょっと好奇心が惹《ひ》かれるものなら何でも反応してしまうのだろうし、そもそも好奇心そのものも、それが本当に心の底から感じているものかは怪しい。

自然体で生きようと思えば、まず己《おのれ》を知ることから始めなければいけない。**「己を知る」ということは「己を律する」に通じる。**

「己を律する」といっても、それは我慢することとは違う。我慢する感覚というのは、ともすれば不必要な力で自分を抑え込むことになるので、あまりいいことではない。

裏プロ時代、私は大きな勝負の前は食べるものも食べず、ろくに眠ることもしなかった。もちろん、ふだんなら起こる女性への欲求といったものもない。それは意識して食べることも眠ることもしなかったわけではなく、**体が無意識に自分を律するほうへと働いていた**のだと思う。

勝負の日々を送っていたころ、私はそうやって絶えずいろいろな形で己を律していた。律することで己の姿を見つめることができたし、また己を知ることで、どのような律し方をすればいいかがわかった。

そうやって自分を律することで私は自然体になり、勝負の場に臨んでいたのである。

32

集中とは、一瞬を重ね、広げていく感覚

自然体という状態に対して、私は穏やかに流れる水のようなイメージを持っている。ゆったりと流れるような変化が絶え間なく起こり、それが次から次へとつながっていく感覚である。

だから、そのような**流れを遮断するような思考や行動、たとえば一つのことに強くとらわれたり、集中をしすぎたりといった行為は、自然体からは遠のいていくことになる。**

ものごとにとらわれない心を持つには、何でも気持ちの切り替えが早くできないといけない。

迷いに沈んでいるとき、あるいは、何かにとらわれて悩んでいるとき、そうした心持ちをスパッと切り替える。別のことに気持ちを向けて、行動を始める。すると、行き詰まって停滞していたものが動き出し、自然な流れが湧いてくる。

切り替える力には、素早く見切る力も含まれる。執着があるとなかなか見切れないものだが、ものごとには思い切って捨てたほうがいいときがある。その判断が遅れることなく、きちんとできるかどうかで状況は変わってくるものだ。

私は一点だけに集中することを、本当の意味で集中だとは思っていない。なぜなら、**一つのことに集中するから流れが悪くなるのである。集中はたくさんのことを同時にしていくほうがいい。**

そして、一瞬でいい。その一瞬を重ね、広げていくような感覚が、気持ちの切り替えをたやすくしてくれる。一点だけに集中しない集中は、自然な流れを妨げることが決してないのである。

33

緊張は自らがつくり出している

緊張やプレッシャーにとらわれがちな人がいる。緊張は不安や心配から、プレッシャーは目標の追求や見栄を張ろうとすることからしばしば生じる。

とくに、緊急によって本来あるはずの力を発揮できないケースは多い。そういった人の心を観察していると、緊張と弛緩《しかん》の間を行ったり来たりしているのがよくわかる。

緊張した心は固まっている状態であり、そういうときは自分が持っている力を十分に発揮することはできない。余計な思考は、余計な力を体に与える。反対に、ただ弛緩し切っている状態でも、同じように自分が思うような力を出すのは難しい。

では、どういうときに潜在的に持っている力を最大限に出すことが可能なのだろうか。

それは、**緊張と弛緩がほどよく組み合わさったとき**である。

雀鬼会の道場では、私が道場生を相手にそのことを示してみせることがある。「体を緩《ゆる》めてごらん」と彼らに言うと、たいていだらんと脱力した状態に持っていく。だが、それではただの弛緩にすぎない。

本当に緩められた状態とは、弛緩と緊張とが絶妙な具合に混じっている。そのとき、身体全体はしなやかな弾力性を保ちながら、どこにも力が入っていない。それでいながら、いざとなればとんでもない力が出てくる。

たとえば、その状態で相手を相撲でするように前に押せば、必死になって力を込めている相手であろうと、簡単に押し倒すことができる。そんな微妙な動きを若い子たちに教えていると、たまにふとできることがある。だが、もう一度それをやってみようとすると、できなかったりする。

ある瞬間、「あ、できた！」と思っても、次の瞬間にはもうできなくなる。それは「できた！」と思うことで微妙な〝力み〟が生まれてしまうからだ。

こんな実験がある。

あなたの左手をテーブルを押さえるようにして置く。その甲の上に右手のひらを重ね合わせ、その上から他の人に力を込めて押さえつけてもらう。その状態から、あなたはその押さえつけてくる手を上へはねのけてみてほしい。

きっと力いっぱいにやっても難しいはずだ。そのとき、あなたの両方の手は、どちらも力が入った緊張状態にある。

次に緊張と弛緩を組み合わせる。今度は右手は力を入れるものの、下にある左手は弛緩した状態にしてみるのだ。

その状態で両手を持ち上げると、右手の緊張と左手の弛緩の混じり具合がちょうどよければ、押さえつけてくる相手の手を簡単にはねのけることができるのである。この実験を道場生にやってもらったところ、できる子とできない子が半々ぐらいの割合だった。

緊張と弛緩の組み合わせが第三の力を発揮するには微妙な加減が必要だが、たいていの人はふだんから力むという感覚が深いところに染みついているから、その加減が難しいのである。

いずれにせよ、この例は**相反するものを組み合わせると、新しい力や可能性が生まれる**という見本になるのではないだろうか。

自然体の人は傍からすると、ときにただ弛緩しているだけのように見えることもある。だが、そこには緊張も絶妙な加減で混じっているはずである。

世の中には、正反対のものを組み合わせることで、新しい存在感を生み出す例がたくさんある。西瓜《すいか》に塩をかけて食べるように、食の世界では相反する要素をかけ合わせることがよくある。それは相反する要素が中和されるのではなく、それぞれの要素がいっそう引き立って、斬新な味わいをもたらすからだ。

相反するものの上でバランスを取るということは、ただその両極の間に立つということではない。**極《きわみ》にある両方の要素をうまく取り入れ、組み合わせるセンスがバランスのいい状態になったり、第三の可能性を生み出したりする元になるのだ。**

相反する要素をいかに組み合わせるか。その手続きの工夫や仕方も、自然体の秘密を解く鍵になるのである。

34

旬をつかむ

魚や野菜や果物には旬がある。自然から採れる食べ物の場合、その生命力が頂点に達し、もっとも力を持っているときの状態を「旬」といってもいいだろう。

旬を逃せば、美味しさは急速に失われていく。つまり、旬はそのタイミングをつかまえなければ二度と味わうことはできない。

だが、養殖や温室栽培などの技術が発達した今では、季節に関係なく、本来旬である魚や野菜を口にすることができる。旬の食べ物を味わって、季節を愛《め》でるという風情は、現代人の食卓からはなくなりつつある。

食べ物に旬があるように、人がつくり出すものごとにも旬がある。この場合、旬とはプロセスが変化していくなかで起こる最大のチャンスであり、可能性である。

自然体の人は、そういった旬をとらえるのがうまい。なぜなら、**自然体で生きている人は変化に即して生きているので、「今」という時間を常に大事にしている**からだ。

状況や人間関係の変化のなかで、旬は突如として姿を現したり、また消えたりする。旬が来ているのにそれをつかまえるのが下手な人は、余計なことを思ったり、考えたりするからである。

「チャンスかな」と思っても欲を出して「まだまだ」と思ったり、「ここは下手にエネルギーを使わないで次のチャンスでいいや」と感じたりして、未来や過去にとらわれて「今」を疎《おろそ》かにしてしまうのだ。

ものごとの旬に縁があるか否かは、「今」という瞬間を生きることに大きくかかわっているのである。

35

「浅い人」になる

世の流れが「軽薄短小《けいはくたんしょう》」に向かっているということは、だいぶ前から指摘されている一つの事実である。流れがそうだからといって、「軽薄短小」がいいということには決してならない。

たとえば、「軽く」て「薄っぺら」な人物は、昔から変わらず見下される対象だ。昔から、人は深いほうがいいと思われているのである。

だが、私はそれとは反対に**「人間は浅いほうがいい」**と思っている。ただし、「浅い」というのは、軽薄とはニュアンスが違う。軽薄はペラペラな存在感だが、私が言う「浅い人」は、軽やかでいながら目に見えないしっかりした根っこを持っている人だ。

私が主宰する麻雀道場には、しばしば出版関係の人物が取材にやって来る。彼らに対して、私は「よし、深い話を一つしてやろう」などと構えたりすることはない。たまに相手が「あ、これは深い話ですね」とうなずいたりしているが、私の意識のなかでは何も深い話をしているつもりはない。

そもそも**私は自分の考えを掘り下げたり、思考をひねったりして何かをつかもうとい**

うことをしない。重々しく考えを重ねるのではなく、感覚でスッと対象を探ったり、つかんでいくという感じである。

親や先生は子どもに「よく考えなさい」ということをしばしば言う。たしかに「考える力」があったほうが勉強の成績も上がるだろうし、仕事にも役に立つはずだ。そんな常識からすれば、思考よりも感覚に軸を置いて取材で答えるという私の姿勢は、ちょっと奇異なものに映るかもしれない。

考えることのメリットは当たり前のように思っても、逆に弊害があることにはなかなか思い至らないのではないだろうか。

何かを判断する際、考えがすぎると迷う原因になったり、行動を鈍らせる障害になったりする。考えすぎるととらわれを生み、壁にぶつかったときはそれを乗り越えるのに非常に苦労をしたりもする。

考えて深いところに入っていくと、息が苦しくなり、酸欠状態を起こしてしまうのだ。

私はそんな深みにはまりたくない。それゆえに「浅い人」でいようと思うのだ。

「考えること」より「感じること」を大事にし、さして知識も持っていない私が何かを判断する際に参考にしているものがある。

それは、ここでもそう、自然界の生き物たちだ。彼らは科学技術もお金も知識も何もないところで、「本能」という自然が発する声に従って生きているだけだ。

私が大切にしたいのは、そのような野生の本能であり、感覚なのだ。それが深くものごとを考える人からすれば、「浅い」ことに見えようとかまわない。私は死ぬまで、そんな浅瀬を歩き続けていたいと思う。

36

「合う」ではなく、「合わせていく」

仕事や人間関係で、人にはそれぞれ合うものと合わないものがある。合わないものはストレスになるし、問題も起きやすい。だから、合うものだけを選び、合わないものを捨てる。それはあたかも自然体の作法のように見える。

だが、本当にそうなのだろうか。もしそういう考え方をするのなら、身勝手さと自然体をはき違えている部分がある。

なぜなら、生きていくなかで「本当に合うな」と感じることは、仕事でも人間関係でも圧倒的に少ないからだ。幸いにしてこの仕事はぴったり合っているというラッキーな人もいるが、まれなことである。

たいていの人は、合っているのかよくわからない感覚を抱きながら、仕事をしているケースが大半ではないだろうか。

人間関係にしても、合うなと感じる人はかなり少ない。私は70数年間も生きているが、その間に出会った人はそれこそ数万人といる。だが数万人のうち、本当に合うなと感じた人は1パーセントもいない。

やることなすことすべて合うなという人など、この世にありえない。人生はむしろ合わないなと思うこととのつき合いで、かなりの時間を割かれるのではないか。

合うということは、仕事でも人間関係でも満足がいくということである。だから、自分に合う仕事が見つからないと嘆いている人は、仕事に満足していないことになる。

そういう人に「君は何をやりたいの？」と問うと、あまりはっきりした答えが返ってこないことが多い。結局、何が自分に合っているのかがわかっていないのだ。

おそらくこんな人は、どんな仕事をやらせても「しっくりこない」と感想を漏らすと思う。

仕事はやっているうちに、「この部分は面白いな」とか「ここにやりがいが感じられるな」という部分が出てくるものだ。そこをどう広げられるかだ。

目の前に現れる人生の選択肢は、どれもこれもすべて満足のいくものが用意されるわけではもちろんない。それどころか、どの選択肢もそれほど満足できないけれど、「これしかないから」と思って選ばざるをえないものばかりではないだろうか。

親、学校、会社、結婚……みなどこかに不満はあるけれど、それがその人に与えられたものだと思ってつき合っていくしかない。限られたもののなかで、自分が落ち着く場所を探していくことが大切なのだ。

何もかも合った仕事や結婚相手が、初めからどこかにいると思うのは幻想である。**与えられた条件に「合わせていく」工夫とセンスをどれだけ磨けるか**。それによって、生き方の質は大きく変わってくる。

生き物はみな、与えられた環境に合わせて生きている。合わなければ自分たちが変化して生き延びようとする。「合わせていく」ことは極めて自然なことなのである。

37

感じたことを素直に行動に移す

自然体で生きるということは、瞬間に感じたことを素直に行動に移すことでもある。

「何かこういうことをやりたいな」とか、「これをしなくてはいけない」とか思うことがあっても、「いつかやろう」とか「そのうちやろう」と行動を先延ばしにすることは誰しもあると思う。だが、これは「感じたことを素直に行動に移す」という自然体の生き方とは正反対である。「そのうち」とか「いつか」と思って後まわしにしていると、結局何もせずに終わってしまうことのほうが多いものだ。いつも「そのうち」と考える傾向が強い人は、時間というものを軽く考えているのである。みな誰しも人生の持ち時間は限られている。そのことへの想像力が足りないのだ。

私は、小さなことでも後まわしにすることは基本しない。些細《ささい》なことであろうと、それは今、自分に飛んできているボールなのだ。「それを打たなければ二度と打つチャンスはない」と考えるべきなのだ。**「今度は、ない」**のである。

以前、取材でそのようなことを話したら、「『今を生きろ』という言葉はよく聞きますが、『今度は、ない』と言われるとさらにピンと響きますね」と言われた。

何気ない日常の見なれた光景であっても「今度は、ない」。そういう感覚を持って生きることは、とても大切ではないだろうか。

38

「強い欲」から解き放つ

ストレスの強い社会だからだろうか、「心を強くするにはどうすればいいですか？」という質問を取材でよくされる。

だが、どんなに強そうに見える心の持ち主でも、状況が状況なら、いとも簡単に折れてしまったりする。つまり、**折れない心になりたいと精神的にいくら踏ん張っても、限界は必ずある、**ということだ。

以前、「折れない心」というテーマで本を執筆したとき、当時話題になっていた二人の人物を例として取り上げた。

一人は元プロ野球のスター選手。男っぽさが売りのマッチョなタイプだが、違法薬物にはまり逮捕されてしまった。その結果、家庭が崩壊し、大切にしていた子どもまで手離すこととなった。そして、その心は回復不能なほど複雑骨折をしてしまっている様子であった。

もう一人は前東京都知事。ハングリーさを武器に、自分の思い描く上昇志向のイメージをことごとく実現させてきたような御仁だ。見るからにタフな風貌をしているが、清《せい》廉《れん》であるべき政治家像を裏切る守銭奴《しゅせんど》ぶりに、マスコミ、世間の猛烈なバッシングを浴び、心をボロボロにさせて退場していった。

元野球選手のほうは強そうな外見とは裏腹に、元々もろい人間だったのだろう。片や、政治家のほうはたしかに打たれ強さを持っているものの、あれだけの圧力をかけられればひとたまりもなかったに違いない。

このことからわかるように、心が折れないための考え方や行動の仕方をいかに身につけていようが、条件や環境次第でそれは簡単に折れてしまう。

ということは、**心が折れないためには、少なくともそういう状況を招かないような冷静さと先を読む力が必要だ。**

これからしようとしていること、あるいは今やっていること、これらの行動がまわりまわってどういう事態を招く可能性があるのか？　もしそこで、生き方のバランスを大きく崩しかねない要素があると感じれば、その時点で修正する。

こういうとき、悪しき連鎖を招く要因はほぼ決まっている。「強い欲」や「強いとらわれ」である。したがって、**バランスを取り戻す最善の道は、「強い欲」や「強いとらわれ」から自分を解放すること**なのである。

39

「自分の弱さを見つめられる人」こそ強い

「俺は強いぞ」「優秀だぞ」とアピールしてくる人がたまにいる。しかし、そんなものをわざわざ自分から言ってくるのは、実際はそうではなく、自信がないからである。虚勢なのだ。虚勢を張った強さは張りぼての強さだから、本質的にはもろい。こういう人は自分のなかの弱さを見ないで生きている。

たとえ弱さが瞬間的に姿を現しても、あわてて打ち消すのである。いかにも繊細でもろそうに見えるのに、逆境に遭《あ》えばものすごく粘りがあって強い人がいる。こういう人は本質的に強いのだが、その強さは自分の弱さをよく知っているからでもある。

だから、もし**強い人と弱い人を分ける境界線があるとすれば、それは己の弱さを真正面から見ることができるか否か**だと思う。

つまり、自分が抱えている弱さをごまかさず、それを深く自覚することが大事なのだ。勢いがあってうまくいっている人が、大きな問題にぶつかったとたんダメになってしまうことがある。こういう人は、自分の弱さをふだん見ていないからそうなったりするのだと思う。

己の弱さをよく知っていれば、謙虚に自分を見られるし、その弱さを変えていくための工夫もできる。すなわち、弱さは本当の強さを育《はぐく》めるのである。

40

いつも自分を明るく見せなくてもいい

明るい人と暗い人。どちらが人気があるかといえば、当然明るい人である。誘蛾灯《ゆうがとう》に虫が誘われるように、明るい人のところには人がたくさん寄ってくる。テレビに出てくるタレントたちは、みな人気商売だから総じて明るい。暗い人もいるが、そういう人は暗さが売りの芸風になったりしている。

テレビの世界は躁《そう》状態といってもいい明るさであふれているのに、都心に向かう電車のなかのビジネスマンたちの表情は、生気がなく暗い。おそらくこちらの暗さのほうが、今の人の心の傾向を如実に表わしているのだと思う。

明るいことは誰しもいいことだと思っている。だから暗い表情をしている人も、心のなかでは明るくなりたいと思っているはずだ。

なかには「何とか明るく振る舞わなくては」と思って、人前では無理に明るくしている人もいるだろう。しかし、それは不自然なことであり、長続きはしない。いつでもどこでも明るくしなくてはいけないと思っているなら、それはおかしなことだ。

「明るい人」だとみなから思われている人でも、一人になれば暗い表情で考えごとをすることだってあるはずだ。もし、一人のときも人前でも変わりなく明るい表情をしている人がいれば、その人は神経がきっと少し変なのだ。

本などで写真が使われるときの私は、たいてい明るいとはいえない表情のものが使われている。出版社が勝負師のイメージを打ち出したくて、張り詰めた重い表情のものを使いたがるのだ。

だが、実際の私はどちらかといえば明るい人間だと思う。道場などで人といるときは、いつも場が楽しくなるよう心がけている。

そんな私でも明るい気持ちになれないときは、たとえ人前であろうとムスッとした顔でいたりする。

義理で会いたくないタイプの人間がごろごろいるようなパーティに呼ばれたりするときなどは、その気分がどうしても出てしまう。そんなときにわざわざ明るく取り繕《つく》ろおうなどとは思わない。

一日のうちで明るい昼と暗い夜があるように、人にも明るいときと暗いときが交互に

やって来るのが自然だ。

心が活発に動いているときは「明」、疲れているときは「暗」。

人の目を気にして、暗い心持ちのときは無理に明るくすることはない。相手を考えて明るさをつけ足す努力はときには必要だが、それもほどほどにしたほうがいい。そんな加減が自然とできればいいのではないだろうか。

41

時間の「余白」をつくる

最近のテレビは、芸人がたくさん出てきてしゃべりまくるような番組が多い。この手のものを私はめったに見ることはないが、家内が熱心に見入っている傍らでたまに目にすることがある。

そこで感じるのは、話し方のテンポがやけに速いなということだ。明らかにひと昔前と比べて話すスピードが速くなっている。

会話が速くなっているのは、何もテレビのなかの芸人たちだけではない。

街角や喫茶店で耳にする会話も、昔に比べてテンポが速くなっている。こうした現象は、おそらく社会の変化のスピードがおそろしく速くなっていることと無関係ではないと思う。

社会全体のテンポが異常に速くなったせいか、人間にも余裕がなく、どこかぎくしゃくしたものを感じる。自動車のハンドルでいえば、遊びがないのだ。

たしかに現代人の生活はあふれんばかりのモノと情報で隈なく埋まっているようだし、仕事など行動のスケジュールも数週間先まではほぼびっしり埋まっている人が多いかもしれない。

しかし、隙間や余白といったものは、生きていくうえでとても大事である。なぜなら**隙間や余白があってこそ、人は自分を取り戻す深い呼吸ができる**からだ。

隙間や余白とは休憩であり、充電であり、生きるエネルギーを甦らせるものだ。バランスを崩したり、調子がおかしくならないためには、とても大事なことである。

42

「自分磨き」とは、引き算

努力をして能力を磨き、自分を向上させる。そんな「自分磨き」が流行っているらしい。木や石をノミで削って仏像を彫る名人の仏師は、木や石のなかにすでに埋まっている仏を彫り出す感覚を持っているという。「自分磨き」という言葉には、これに似た感覚があるのではないだろうか。

つまり、自分のなかにはまだ外に現れていない何か魅力的な力や才能が眠っている。自分を磨くことで、そうしたものが姿を現し形を成す。そんな感覚がどこかにあるように感じるのだ。

しかし、自分磨きによってはかられる成長は、本当に人間としての成長なのか、そこは疑問である。

なぜなら、自分磨きに精を出している人を見ていると、結局は社会で成功したり、お金を儲けたりするほうへとベクトルが向いているように思えるからだ。

これでは人間力を磨くというより、ただ技術や要領を磨いているにすぎない。だから私からすれば、むしろ「退化」といった趣《おもむき》がある。

もし私が自分磨きとやらをするなら、それは内なる自然の声に耳を傾け、暴走しがちな知性や理性にブレーキをかけつつ、人間や自然について感性や体を使って学ぶだろう。

世間で評価される技術や能力を、ただ足し算して満足するのではなく、**引いていくことで何が生まれるか？**　そこに焦点を合わせて自分を掘り下げてみることも必要だと思う。

43

腹は「くくる」ものではなく、「開く」

大きな決断に迫られたとき、腹をくくって対処しなくてはならないことがある。覚悟を決めて、えいやっとばかり一方の選択肢を選ぶときに、「腹をくくる」わけだが、現実には腹をくくらなければならないほどの重大な決断は、そうそうあるものではない。

しかし、傍から見ればたいしたことのない決断に、いちいち「腹をくくる」だの、「覚悟を決める」だの、口にする人がいる。

こういう人は、真剣に腹をくくるほどの重い決断をすることになれば、まともな判断はできないと思う。

「腹をくくる」と言うとき、そこに開き直りの要素が含まれていることがけっこうある。開き直りというのは、勇気があるようだが弱さの裏返しである。開き直った直後は勢いのある行動が取れるが、根本的な解決にはほど遠かったりする。

私は、腹は「くくる」のではなく、「開く」ような感覚を持ったほうがいいと思う。

まるで言葉遊びのような響きもあるが、腹を開くとは息を腹の底からはいてリラックスするという意味合いである。

くくられた腹は、息が詰まって身も心も硬くさせる。

開き直りが結果的にあまりよくないのは、実際は腹を開いているのではなく、いっそう硬くしているからである。硬くなった心身では、ものごとにうまく対処はできない。

大きな決断に迫られたときほど、息をふわっと吐き、腹をやわらかく開く心持ちでいたほうがいい。

44

「つくる」ではなく、「生み続ける」

ネイティブ・アメリカンは、自分たちがつくるものを永遠に残そうとは思わないという。残ったものは自然の大地を汚すから、すべて土に還《かえ》って消えればそれでいいと本来は考えているそうだ。

彼らは以前、土や草木、動物の毛皮など、自然の素材ですべて身の周りのものをつくっていた。彼らがものをつくる感覚には、「つくる」ではなく「生む」に近いものがあると思う。

私にもネイティブ・アメリカンと同じ感覚がある。瞬間瞬間で形をつくっては消えていく。生活も仕事もそういうものでありたいといつも思っている。

よく考えれば麻雀はまさにそうだ。一瞬である形ができたと思えば、次の瞬間は消えて別のものになっている。その連続が麻雀なのだ。

雀鬼流の麻雀は、瞬間をとても大事にする。瞬間は作為的につくろうとしても間に合わない。たとえば「いい手」をつくろうとすれば、麻雀は壊れてしまう。きれいな麻雀は「つくらない」ことで生まれる。

つくろうとする作為があると、「いいものをつくってやろう」とか「人から評価されたい」と力が入る。気持ちに力みがあるといいものは生まれない。

この社会は無数の「つくる」を重ねて成り立っている。だが、「つくる」ことをしすぎたため、自然を壊し、人は自然から離れすぎた生き方をしている。

そろそろ、「つくる」から離れて、「生む」という感覚に生き方を変えていくべきときがきている。

第4章

シンプル思考が自然体をつくる

45

複雑なものをシンプルにする

人間の文明は、より複雑なほうへと進化を遂げてきた。ロボット技術、遺伝子医療など、現在華やかな光を当てられている科学技術を見ても、専門外の人間にはなかなかどういう仕組みになっているのか、説明をされても簡単には理解できない。

知は高度になるほど複雑になる。だから、複雑なものほどレベルが高いとか高尚だと思われがちだ。しかし、科学文明が複雑な発展を遂げ、複雑極まりない社会が実現すると、さまざまな問題が起こってくる。人間の幸福のために社会は進歩してきたはずなのに、それとは逆に、現代人の幸福度はどんどん下がっているといわれている。

そもそも**問題というものは複雑だから起こるのであって、シンプルなままであればそう問題にはならない**ものだ。人間でも、心にたくさんの問題を抱えている人は「複雑な人」という印象を与える。

だから、仕事でも生活の選択肢でも、何でも複雑にすればいいというものではなく、シンプルにできるものはできるだけそうしたほうがいい。

自然体で生きることが難しくなっているのも、仕事や社会が複雑だからだ。「シンプルに生きる」ことは、その意味で自然体に近くなければできないのである。

46

「世間心」を捨てる

日本の社会を支配しているのは、形のない「空気」である。最近とみにそのことを感じる。

「KY（空気が読めない）」という言葉がいっとき流行ったが、日本人は周りの空気を敏感に読みながら、それに合わせて生きていくのが得意である。

場の空気を読んで、壊さないようにすることはもちろん大事だが、読みすぎて言いたいことも言わず、主張すべきこともしなければ、それは問題だ。空気を読んでそれに合わせることが、いつもいいとは限らない。ときと場合によっては、**空気はあえて読まないことも大事**である。

この空気をより具体化したものが「世間」である。日本人はそれこそ、周りの空気を気にするように、世間が自分をどう見ているかが行動の強い基範《きはん》になっている。

「世間様に顔向けできない」とか「世間が許してくれない」といったフレーズをよく耳にすると思う。日本人にとって、世間はこのように絶対的ともいえる存在なのだ。

少々法律や社会的な規範を破っても、世間からさほど批判されなければ問題はないとさえ思っている人は少なくない。世間の価値観や評価を気にして生きることを「世間心」と仮に名づけるなら、私にはそのようなものがない。これまでずっと世間から距離を置き、自分が拓《ひら》いた道を歩んできたからだ。

代わりに私のなかにあるのは、子どもが持っている「童心」というか「ガキ心」とでもいうべきものだ。**童心やガキ心にとって、世間が価値を置くお金や成功、地位や肩書といったものは関係がない。**そんなものから離れて楽しく遊び続けるのが、童心やガキ心だ。

ところが、子どもは成長するにつれ、無邪気な心を喪《うしな》っていく。世間がつくっている点数で評価するシステムに組み込まれていくのだ。

もちろん社会で生きている限り、世間とはまったく無関係に生きていくことはできない。だが、世間の価値観に惑わされず、それにとらわれない自由な生き方は、その気になれば可能である。

みんなが歩く大きな道を同じように歩くことに、どれほどの意味があるのだろうか？自分の道は自分の意思で切り拓いていく。それは空気や世間にとらわれない、自由なスタンスになってこそ可能なのだ。

47

「向上心」でなく、「向下心」を持て

私が麻雀を教えている道場生のなかには、世間でいう向上心があまりない人がいる。彼らには「才能を磨いて出世しよう」「お金をもっと稼ごう」とか、「がんばって世間から評価される存在になろう」などと、世の価値観に沿って自分を向上させようとする気持ちがまったくないのだ。

そのなかの一人から「みんなが持っているような向上心が僕にはありませんが、こんなことで本当にいいのでしょうか？」と聞かれたとき、私は「それでいいと思うよ。変に向上心を持つより、今のほうがよほどいい」と答えた。

みんなが強い向上心を持ち、社会がよしとする価値や目標に向かっていくことが、どれだけ激しい競争を生み出していることか。そのことで結果的に多くの人が心を疲労させ、本来の生きる楽しみを失っている。

つまり、**強い向上心を持ったがために、苦しむ人が後を絶たない**のだ。そうやって彼らが目指す〝上〟など本当に価値のあるものなのか、私には疑問である。

だから、私は上を目指すなら〝下〟を目指す「向下心」を持てと言いたい。

下を目指すのは堕落することではない。下とは自然の大地だ。あるいは、常識にとらわれない自由な場所かもしれないし、納得感に満ちた己の内面かもしれない。

同じ自分を磨くなら、下に向かって磨く。向上心を持って力みまくっているような人と比べたら、そのほうが人間としての可能性が大きくなると私は思う。

48

負の感情を増幅させる「ネット社会」と距離を置く

今、ネットの世界はとてつもなく大きく広がっている。実際のリアルな社会と並行して存在している虚構の強い世界であるが、もはや現実以上の存在感を持ちえている。

「ネット」という言葉は、巨大な蜘蛛《くも》の巣のようなイメージがある。ネットの世界に絡み取られた人々が、まるで蜘蛛の巣に引っかかった虫のように思えるからだ。

たくさんの情報を簡単に手に入れることができるし、たくさんの人と知り合える。このように、ネットは便利なものだと思って、今日も明日もネットを縦横無尽に行き来している人たちは、その空間をとてつもなく自由だと感じているかもしれない。

だが、その自由さを求めれば求めるほど、現実にはその人は不自由になっているのではないか。本人が不自由であることを気づかないほどに。

私が主宰している雀鬼会の道場はホームページを持っているが、そこでは私の日々の雑感を記した日記を公開している。もちろん、私自身はスマホもパソコンもいじらない超アナログ人間なので、パソコンの操作はこちらにはわからないから、原稿用紙にしたためたものを道場生がアップしてくれている。

私がネットの圧力を強く感じた出来事がちょっと前にあった。

私が麻雀の解説をしている様子が、ネットでライブ中継されたときのことだ。中継の画面は、視聴者がリアルタイムで自由にコメントを寄せられる仕組みになっていた。

そこにおびただしく流れるコメントを眺めながら、ネットの暴力性というやつがようやくわかった気がした。面と向かってなら絶対に言ってこないような悪罵《あくば》が、これでもかというほど投げつけられるのだ。口汚い罵《ののし》りに近い言葉の裏側にあるのは、嫉妬やねたみ、僻《ひが》みなどだったりするのだろう。それにしても気分のいいものではない。

ネットは匿名性の強いメディアだ。匿名だからこそ、現実の世界ではなかなか吐き出せないものを出してくるのだろう。そんな**他人の吐瀉物《としゃぶつ》に刺激されて、また別の人が自分の汚いものを吐き出す。負の連鎖がそうやって延々と続く**のだ。

ネットに触れる時間が長いほど、幸福度が下がるという統計調査があるらしい。ネットは負の感情を増幅し、それを引き出す側面が強いメディアなのだから当然だろう。

できるだけ平常心にいるには、ネットとはある一線を置いて、必要以上には触れないというラインを自分のなかに持っておくことが大事だと思う。

49

不自然な「絆」をつくらない

東日本大震災以降、「絆」という言葉があちらこちらで盛んに言われるようになった。

近代以降、昔ながらの共同体的なものはどんどん衰退し、血縁や地縁を介した濃い人間関係はあまり見かけないものになってしまった。そんなところに、大きな自然災害は個人が好き勝手にばらばらに生きていることが、いかに心もとないことかを思い知らせたわけである。

だが、**絆ということがあれほど叫ばれても、人々のつながりが深まった様子はない。**むしろ、独り暮らし世帯はさらに増え、孤独死する人は相変わらず後を絶たない。

そもそも絆は、意識して作為的につくられるようなものではないだろう。絆という概念を持ち出さなければ築けない人間関係など、本当はたいした関係ではないと思う。


私自身は絆というものをあらためて意識することはない。私にあるのは絆でなく、「仲間」という感覚だ。

利害関係を忍ばせた人脈も友だちも私にはいない。傍から見れば友だちのように見える関係はあるかもしれないが、友だちというくくり方は計算めいたものが感じられて嫌なのだ。

仲間という感覚には、友だちと違って、互いにプラスになるからつき合うとか、利用するといった計算があまりない。「こいつは通じるものがあるな」とか、「一緒に楽しめることができるな」というのはみな仲間だ。仲間は多いほどいいわりではない。私の感覚ではせいぜい100人くらいまでである。

近ごろの人間関係は、スマホやネットを介してつながっていることが多い。だが、**現実世界にはない人間関係など、あってないようなもの**ではないだろうか。

千人、万人の人間とつながっていようと、画面が消えればそれらの関係も一瞬で消えてしまう。そんな儚《はかな》いものでも、絆とか友だちという感覚でとらえている人はけっこういるのかもしれない。

どうでもいい人間関係を広げすぎたことで、生身の人間関係のつき合いが疎かになり、トラブルを起こす機会も増えているのではないだろうか。

不自然な人間関係は、人生の贅肉《ぜいにく》をつけるばかりである。そんな贅肉を落として、かけがえのない関係を、周りの身近な人たちと築いていく。スマホやネットに注いでいる時間を、そういうほうへ少しでも向けてみてはいかがだろうか。

50

「見切る」ことで可能性が広がる

人間は便利さを、より自由さを求めて社会を発展させ、科学技術を進歩させてきた。その果てに今日の社会はある。すなわち、人間の歴史において最大限に自由度が高いのが今の社会のはずである。

だが、自由極まりない環境に暮らしているはずなのに、何かとてつもなく不自由さがないだろうか？　自由という真綿《まわた》で、じわじわと首をしめられるような感触がないだろうか？

私のところにも、こうした不自由感ゆえの不幸を訴えてくる人が少なくない。彼らは「周りから『何をやってもいいんだよ』と言われているようなのに、いざやろうとすると何もできないんです」といったことを口にする。

それにしても、この不自由な感じはどこから生まれるのだろうか？　私はその原因は二つあると思う。

一つは、**選択肢が多すぎること**だ。手に入れたいと思うモノや、やってみたいと思うコト。その刺激が至るところにあって、人々は欲求不満になっているのだ。

能力もお金も限りがあるから、すべてほしいものが手に入ったり、できたりすることはありえない。苦しみの多くは、欲望が満たされないことからくる。現代人の大きな不幸は、こういうところにもあるのだ。

不自由さのもう一つの原因は、**自分の価値軸を持っていないこと**だ。

一見すると何でもありの自由な世界は、羅針盤《らしんばん》や地図がなければ進んでいくことができない。この羅針盤や地図に相当するのが自分の価値軸なのだ。

価値軸があれば、何が本当に必要か必要でないか？　自分にできることは何か？　できないことは何か？　そうしたことが見えてくるだろう。そのうえで必要のない欲望を見切ることができる。

人生において**何かを見切っていくことは、可能性を狭めることには決してならない。見切りとは、不自由なとらわれを消すことであり、いい意味でのあきらめに他ならない**からだ。それゆえ、反対に可能性を広げ、掘り下げる力を持っているのである。

51

相手を「分析」しないで、ただ「感じる」

今は先行きの見えない不透明な時代だ。そのせいか、人々の存在もどこか不透明な印象が強い。

仕事やふだんの生活で出会う人に対して、「この人はどんな人だろう?」「何を考えているのだろう?」「信頼できるのか?」「変なことをしないか?」「にこやかに話をするけど本心に何を抱えているのか?」、そんなさまざまな思いが巡るものだ。

しかし、ものごとには「知らないでいいこと」がある。相手が本音で何を考えているのか?　それを知ることが必要なときもあるかもしれないが、たいていは知らなくて済む話だ。**知らないでいいことを知ってしまったゆえに、つき合いづらくなってしまうことだってある。**

人の心は誰しも多かれ少なかれ汚れていたり、いびつなものを抱えていたりする。だから、奥にあるものを探っていけばうんざりしたり、相手に距離を感じたりする可能性は高くなるだろう。

本当の姿をわざわざ知ったところで、あまり得にはならない。それに悪い要素というものは、相手とどのような関係性を築くかでそれが強調されたり、されなかったりするものだ。どうせならお互いにいいものが出てくるようなつき合いを、なるべくしたほうがいいに決まっている。

だが、分析すれば、相手のタイプを分類して「この人はこういう人だから遠慮したつき合いをしたほうがいい」など、勝手な固定観念が生まれる可能性がある。だから相手を分析するよりは、**目の前の姿をあるがままに「感じる」ほうがいい**。

人とのつき合いは、もちろん固定観念の枠のなかで完結するようなものではない。自由に変化していってしかるべきものだ。相手を感じるという姿勢はそれを可能にする。

「感じる力」があれば、相手が見せない、よからぬ部分も何となくわかったりする。さらに、分析と違って「感じる」ことは、相手を簡単にはねのけたりしない。むしろ、悪い面も含めて相手を受け入れていく寛容さが「感じる」ことには伴う。

あなたの世界を結果的に狭めるような、下手な分析はしないほうがいい。まずは素直に相手を感じる。そこからつき合いは始めるべきだと思う。

52

感情はきれいに流す

知性や知識といったものが重宝されるこの理性社会においては、感情は一段低く見られがちだ。

たとえば、大人と子どもの大きな違いを挙げろといわれたら、子どもは感情のままに生きているが、大人は感情をコントロールして理性的に振る舞う存在であるということになるだろうか。

つまり、感情を思うままに露《あら》わにする大人は幼稚だとか、子どもっぽいと思われるのである。感情をどれだけコントロールできるか、その能力を身につけ、磨くことこそが、大人の値打ちを決めるというわけだ。

だが、感情を下に見ると、とんでもない目に遭う。感情を抑えつけ、理性を優位に働かせていると、理性の奴隷のようにされた感情は、いつか反乱を起こすからだ。

感情を司る脳の部位は、人が猿だったころの旧《ふる》い脳に属するそうだが、本能に近いものだけにすさまじいエネルギーを持っている。それだけに、一度暴れ出すと手がつけられなくなってしまう。

うつなどの精神の病の多くは、理性によって感情を変に抑えつけ、感情の流れが滞ることから起こってくるものだ。だから、**感情はプラスのものであろうと、マイナスのものであろうと、あまり抑圧しないほうがいい。そのためには自分の感情に対してできるだけ素直になり、常に滞りなく流すようにする**ことだ。

もちろん、マイナスの感情は思うままに出すとトラブルの原因になるから、出し方を工夫する必要はあるだろう。

自然体の人は感情が停滞することがない。常にきれいにさらさらと流れている。スムーズに流れていると、一時マイナスの感情にかられても、そもそもため込んでいるものがないから、増幅したりしてその表現が大仰になることがないのだ。

理性の力をあまりにも仰ぎ見る姿勢だと、どうしても感情は下に置かれるべきものとして抑えつけられる。だから理性というものに対して、われわれはどこか半信半疑という目を持つようにしたほうがいい。

人は感情があってこその存在だ。感情をいかに大切にするか。そしていかに磨くか。理性偏重による弊害が目につく時代だからこそ、そんな生き方が求められてくると思う。

53

「自己否定」と「自己肯定」の間に自分を置く

以前、取材に来た編集者から聞いた話だが、ある研究調査によると、日本人の若者は欧米の若者と比べて、かなり自己肯定感が低いらしい。自己肯定感が低いから、自信もなく、将来に対する希望も強く持てないという。

自己肯定感が低い傾向にあるのは、親や学校の教育が管理的な色彩が強いからだと思う。親や先生が、子どもを自分の思うように育てようと精神的に支配する部分が強くなると、子どもの自立性が育まれなくなるのだ。

教育とは、せいぜい子どもが自ら何かをするように、必要に応じて後ろから肩を軽く押してあげることくらいのものと認識しておくべきだ。

力で押さえつけられるようにして育った子どもは、その場では親の言うことを聞いて、勉強ができるいい子になったりするが、自分から動いて好きなことを見つけたり、それを自ら伸ばす努力をしたりすることがない。

つまり、大きくなってからの伸びしろが少ない。たとえ試験でいい点数を取って、いい学校に入っても、そのとき感じるのは優越感であって、心の底からの満足感ではない。そんな子どもがちゃんとした自己肯定感を持てるはずがないのである。

自己肯定感が希薄だと、自己への評価はしょっちゅう大きく揺れ動く。人よりいい結果を出すと「俺は天才だ！」と思ったり、ちょっと失敗をしたりすると「やっぱり俺はダメな奴だ……」と落ち込んだり。

このように強く管理されて育った人は、自分の軸が育たない。それゆえに、自己肯定と自己否定の間で激しく揺れ続けるのだ。だから、人からの評価によらない自分だけの軸をつくる作業が必要になってくる。

自分というものをある程度しっかり持っている人でも、自分に対して肯定的になったり否定的になったりすることは、当然ながらある。

しかし、自分に対して肯定的になるのも否定的になるのも、ある角度からとらえるとそう思えるということにすぎない。

だから、そのどちらにも振れることなく、その真ん中にいる感覚を持つことが大事である。それを私は**「シーソーの真ん中に立つ」**という言葉で表現している。

私自身も、自分を肯定でも否定でもないところにいつも置いている気がする。

ふだんの生活で、自分がしてはいけないなと思っていることをついやってしまって、誰かにつらい思いをさせたときなどは、自分を否定したくなる。だがそんなときでも、100パーセントの否定にはならない。

反対に、非常にうれしいことがあったり、ものすごい達成感を持てたりしたときでも、100パーセント自分を肯定しようという感覚にもならない。

つまり、極端に自分の感情を振ることを私はしない。**自己肯定感にせよ自己否定感にせよ、人であれば絶えず二つのものを抱えるのは当たり前だと思うからだ。**

どちらにも偏らず、その二つの間の絶妙のバランスの上にいられるかどうか。あくまでもそれが大切なことなのである。

54

怒りの感情は、後ろへスルーしてから吐き出す

たまに地方に仕事や旅行で出かけて東京に戻ってきたりすると、都会はイライラした人が多いなとよく思う。これだけ人がたくさんいて、ビジネスの激しい競争を日夜やっていれば、そうなるのも仕方がないのかもしれない。

だがそれが高じると、うつなど心をどこかおかしくしてしまうわけだから、罪な社会をわれわれはつくったもんだなと思う。そんな世相を反映して、「怒り」をいかにコントロールすればいいかというテーマの本が、最近はけっこう売れているらしい。

怒りの感情は、悲しみの感情とセットであるという。あるカウンセリングの専門家によると、男性と女性とでは抑えていた怒りの感情の出し方が違うということだった。男性の場合は、怒りを吐き出した後に悲しみの感情が湧いてくるらしいが、女性は最初に悲しみの感情を出して、次に怒りが湧いてくるという。

私は「雀鬼」と呼ばれるくらいだから、若いころはたしかによく怒っていた。汚いこと、卑劣な仕打ちをしてくるものがいれば、許せない気持ちになって、すぐその場で怒りのエネルギーを相手にぶつけていった。若いときは攻撃性が強いから、なおさらそうだったんだと思う。だが年を取ってくると、直情的な怒り方はしなくなった。

世の中を眺めても、街を歩いていても、相変わらず腹が立つことはいくらでもある。けれども、怒ってもきりがないと感じるあきらめに似た気分のほうが強くなってしまったのか、本気で怒ることはめったになくなった。正確にいえば、怒ることは怒っている。ただし、その感情の出し方が変わったといってもいい。

最近の私は、腹が立ったときは正面からぶつからず、怒りの感情を自分のなかで後ろへスルーする感覚を持つようにしている。

これは**怒りの感情を抑圧するのではなく、いったんは自分のなかで怒りの正体のようなものを咀嚼《そしゃく》したうえで吐き出すという感覚**である。もちろん、相手に間違いなく非があるときはきちんと怒っていることを伝えるが、若いころのように感情の勢いにまかせて、そのままの気持ちを強くぶつけていくことはしない。

怒りを抑圧しすぎると、それが根深い恨みに変化していくことがある。相手をおかしいと思いながら気が弱くて言えなかった、相手のほうに非があるのにうまく言いくるめられてしまった。そうやって怒りを発散できないと、それが残って恨みの感情になってしまうのだ。

怒りの感情をコントロールすることはある程度は必要だが、まったくそれを抑え込んでしまうと、精神的には大きな負債を抱え込むことになる。

「怒りをコントロールせよ」と説く人のなかには、むしろ自分に気づきを与えてくれた相手に感謝しなさい、と言う人もいる。

だが、そこまでして怒りをコントロールするのは、極めて不自然なことだ。この手の人は、怒りの感情は人間性が未熟な証拠だと考えているのだ。だが、怒りの感情を抱くことは未熟でも何でもない。生きた感情とは、本能に近いところから出てくるものであり、それを抑え込んでしまうのはかなり不自然なことだ。


怒りを覚えたときは、感情は素直に出したほうがいい。そのほうが生き物としては自然のことである。怒りを出すことに躊躇《ちゅうちょ》するな、と私は言いたい。ただし、その際は出し方を考えることが重要であることを忘れてはならない。

怒りとの上手なつき合い方は、怒りの感情を出さないようコントロールすることではなく、どうそれを出すかという工夫と姿勢にこそあるのだ。

55

ポジティブ思考が強すぎると、不自然になる

以前ある経営者と話をしていたら、その人は口グセのように「ポジティブ」という言葉を連発していた。

ポジティブなのはもちろん悪いことではない。しかし、ポジティブ思考が強すぎるのはちょっと問題だと思う。

私自身は、そもそもポジティブ思考が強いわけではない。積極的に何かを求めたり、強い期待や希望を抱いたりということが基本的にないからだ。かといって、ものごとを何かと暗くとらえ、悲観したり、嘆いたりするわけでもない。

ポジティブであろうと思うこともなければ、斜に構えてネガティブにとらえるわけでもなく、そのときどきの自然な感情にまかせてものごとに向かい合えばいいと思っている。

ポジティブ思考が強すぎる人は、傍から見ていると極めて不自然だ。「つくっている」という感がどこかに漂っているのだ。なかには、ポジティブでなければ人として価値がないかのようにすら考えている人もいるが、ここまでくれば一種の宗教である。

ポジティブ思考がすぎると、ネガティブな自分が許せなくなって、ときにそれが心に大きな負荷をかけることがある。

「暗い自分」は本来の私ではない。それは間違った自分なんだから、「暗い自分」が姿を現わせば、それはすぐさま追い払わなければいけない。

だが、**気分が暗いときに、そうやって「明るい自分」を無理に装っても意味はない。暗い自分も含めてその人が成り立っているのだから、ポジティブに無理に持っていくことは自己否定になってしまう。**

我々の上空にある天候を例に見れば、常にポジティブ思考でいることがいかに不自然なのかがよくわかる。それは、いつも晴れているといいなと思っているようなものだ。

しかし実際の天気は、晴れることもあれば、曇りもあるし雨もある。雪が降ったり、暴風が吹き荒れたりすることもある。さわやかに晴れている日は意外と少ない。

人の心も天気と同じで、楽しくて明るくなることもあれば、嫌なことがあったり、悲しいことがあったりして暗くなることもある。その変化を素直に見つめ、受け入れることが自然な生き方なのだ。

たとえば、大きな悲しみがあったときには、その悲しみにどっぷり浸ったほうが、そこからの立ち直りも早い。自分のなかで生起する感情に素直に従うことは、とても大事なことなのだ。

つらいことがあって心が沈んでいるときに、ポジティブ思考で気持ちを上げようとするのは、嫌な現実から目をそらしているわけで現実逃避ともいえる。

しかし、嫌な現実や自分から逃げていては、その人の成長はない。**自分の暗いマイナス面をしっかり見つめ、ときにはそれを掘り下げることが、本当の成長を促してくれるのである。**

さきほど、私はポジティブでもネガティブでもないと言ったが、ある意味においてはかなりネガティブ思考である。

ポジティブ思考の人は前へ前へと進むことをよしとするわけだが、私は後ろへ進みたいからだ。私の言う後ろとは、文明が進むのとは逆の方向に向かうという意味だ。

科学技術や経済の進化・発展によって、どれほどの問題がこれまで引き起こされてきたことだろうか。環境問題など、解決できない深刻な問題は山のようにある。

これ以上、人類が迷わないためには、そんな文明を半分くらい捨ててしまえばいいとさえ私は思っている。もちろん、そんなことは不可能な話だが、感覚的には前ではなく**「元に戻る」**という志向を持つことは大事だと考えている。

そんな感覚があるかどうかで、これからも前へと文明化が進むにせよ、それがもたらす問題の質が変わってくるからだ。この点においてのみ、私は死ぬまでネガティブな人間でいたいと思う。

56

結果にとらわれず、プロセスを楽しむ

「代打ち」として勝負の世界に入ったころ、私は「勝つこと」は強さの証であり、それゆえ勝つことには非常にこだわっていた。しかし、勝負に勝ち続けているうちに、勝つことへの疑問が頭をもたげ出したのである。

勝者は必ずその反対側に敗者をつくり出す。勝負の舞台が大きいものであるほど、負けたものはそのダメージが大きくなる。裏プロの世界では、ときに「負け」は死と同等の意味を持つ。しかも、それは当人だけでなく、家族も巻き込む可能性すらある。

勝つことの罪を感じ始めた私は、やがて「勝ち」ではなく「強さ」を求めるようになっていった。

勝ちにこだわりすぎる人は、結果において勝てば手段を選ばなくなるものだ。ごまかしやズル、嘘、ありとあらゆる卑怯な手を惜しまなくなる。だが、そんな**汚れた勝ち方は、最終的にはその人の信用をなくし、結果として失うもののほうが大きくなる。**

最近、世間的には信用があるはずの大手企業の不祥事が、相次いで起こっている。そのうちの一つの、ある伝統ある家電メーカーの対処の仕方を見ていると、ごまかしの上にごまかしをひたすら重ねていくような有り様で、まったく目を覆いたくなる。

こうした名のある企業があちらこちらで綻《ほころ》びを見せ始めているのは、「結果よければすべてよし」という勝利至上主義の風潮が行きすぎたせいだと思う。

競争に勝って成功すれば、大きな利益を得ることができれば、そのプロセスはあまり問われず、高い評価を与える社会。そんな社会で生き抜くには恥も外聞も捨て、えげつないことをしてでも勝たなくてはいけないと思い込んでいる輩《やから》も無数にいるのだろう。

だが、よくないプロセスを経てつかんだ勝利に、いったい何の価値があるというのだろう。大事なのはあくまでもプロセスだ。同じように競争し、勝負をするなら、どれだけいいプロセスを踏めるかだ。

卑怯な手は使わず、相手や周りのことも考えて競争し、勝負をする。そんなプロセスをたどるのであれば、たとえ負けてもその人こそ本当の勝者だと思う。勝負の真の値打ち、それは勝ち負けを超えたその先にこそあるものなのだ。

57

問題が起こったら、実体以上にとらえない

何か問題が起こると、どんな人であろうと「ああ、面倒だな」「憂うつだな」と思うものだ。自分からわざわざ問題ごとに首を突っ込んで力試しのようなことをさんざんやってきた私でも、基本的には面倒くさいと思っている。

だが、何か問題が起きたとき、「どうしよう……」とうろたえ、**不安をふくらませると、問題はいっそう深刻になったりするものだ。**

また、不安を必要以上に感じると、問題の実体を何倍にも大きく感じることになる。だから「どうしよう……」と感じていることは、現実にはその五掛けとか、もしかしたら三掛けくらいかもしれないと思ったほうがいい。

問題は人間関係や事態が複雑になったことから起こるものだが、不安な心理はそれをさらに複雑にしかねない。だから、その複雑さをシンプルにできれば問題は解決する。

それでは、問題をシンプルにするにはどういう姿勢でいるべきなのか。

それは、**「どうしよう……」ではなく「どうってことない」ととらえることである。極端なことを言えば、命さえ取られなければ、たいていのことは「どうってことない」と考えればいいのだ。**

私自身、これまで大きなトラブルに見舞われたときは、いつも「命はあるんだからまあいいや」という感覚で対処してきた。

代打ちの真剣勝負に絡んで命を脅《おど》し取られそうになったことも幾度もあるし、海や川で無茶をやって死ぬ寸前の経験も何回もした。そんな命がかかった危機的な局面を思えば、仕事のミスや人間関係のトラブルなどは、本当にどうということはない。

命さえあれば、ぎりぎりの状態でもそこから脱け出す方法を考えられるし、体も自由に動かせる。意思さえあれば、かなり不利な状況であっても、それを挽回していくことは可能なのである。

58

「だいたい」の感覚で的を射る

「アバウト」という言葉はあまりよくない意味で使われることが多い。「あの人はアバウトだ」と言うときなどは、その人のことを適当でだらしないというニュアンスで、たいがい批判をしている。

しかし、私はアバウトは大いにけっこうだと思っている。「アバウト」という言葉は私にとっては「だいたい」という言葉になるのだが、私がものごとをとらえるときの感覚は、この「だいたい」なのだ。

「よし、絶対に的を射《い》るぞ」という絶対感を持って対象に向かうとまず外れるが、「だいたい」の感覚でいくと、最終的にはピシッと正確に的を射ることができる。

「だいたい」の感覚でとらえると、違和感のあるものが外れていく。そうやって違和感のあるものがどんどん剥《は》がれていって、最後に残ったものがもっとも目指していたものだったりするのだ。

もう一つ、私にはアバウトに近い感覚でよく使う言葉がある。「なんとなく」という感覚である。

麻雀をするときは、相手の牌は見えない。だが、相手の動きや場の流れを見るともなしに見ていると、なんとなく相手の状況が感覚的にわかってきたりするのである。

この「わかる」は言葉では言い表わすのが難しい。はっきり言えるのは、**「だいたい」とか「なんとなく」という感覚を持って、初めて「あ、わかる」という状態に意識がスッと入っていく**のである。

このとき「絶対」の感覚を持っていると、まずそうはならない。「絶対」という意識でいくと初めに対象をはっきりさせるのだが、はっきりしたものに近づくほどボヤけていくのである。

逆に、「だいたい」や「なんとなく」という感覚をベースにすると、最初ボヤっとしているものが徐々にはっきりしてくるのだ。

それゆえ、「だいたい」や「なんとなく」というアバウトな感覚は、私にとってはなくてはならないものなのである。

59

自分の存在を一番に置かない

この世でもっとも厄介《やっかい》なもの。それは「自尊心」だと思う。人が起こすさまざまな問題の多くは、自尊心が絡んでいるものだ。

自尊心は、簡単にいえば「自分が一番」という心である。では、とても謙虚な人は自分をどう思っているのだろうか？　やはりそんな人であっても、自意識がある限り、どこかで「自分は一番」なのである。

自尊心によって問題が起こり、人生が複雑で煩《わずら》わしいものになるのなら、せめて**自尊心をふくらませないよう工夫をする**ことが大事である。

以前、雑誌の取材で、記者から「二番目に大事なものは何ですか？」と聞かれたことがあった。すかさず「俺だよ」と答えたのだが、その記者は意表を突かれたようだった。ほとんどの人は「自分が一番」にくるからだ。

では、そんな私にとって一番にくるものは何だろうか？

それは、命を恵んでくれた自然である。環境問題にしても、経済格差の問題にしても、今日、地球規模で起こっている大きな問題は詰まるところ、自然の存在を一番に置いてこなかったツケだと思う。

自然が一番であることはたしかだが、その次が私とは限らない。もしかしたら、周りにいる誰か困っている人、命の危機に瀕している人が二番にくるかもしれない。

だから、自分はいつも二番か三番だ。そう思えばどんな問題が起ころうが、どんな失敗をしようが、どうってことないと思えてくる。

力まず楽に生きられるコツは、自分をあえて二番以下に置くことなのである。

60

自分を演出しない

以前、ある精神科医と対談した際に「人はいろいろな仮面を場面や状況に応じてつけたり、外したりする。ストレスを回避するには、できるだけたくさんの仮面を持っていたほうがいい」ということを言われていた。

たしかに、こと仕事においては自分の立場や役割を意識して、それに応じた振る舞いをするのは当然だろう。取引先に対する態度と同僚に対するそれが同じであればまずいだろうし、部下に対するような振る舞いを上司にすればクビにだってなりかねない。

日本人はよく本音と建て前を使い分けるというが、仮面をつけたり、外したりするのは建て前の部分においてである。しかし、この**本音と建て前の距離が遠すぎると、ちょっと問題だと思う**。

客には満面の笑みで接している営業マンが、客が目の前からいなくなったとたん怖い真顔になったりする瞬間があるが、ああいうのは見ていて気持ちが悪い。

あの気持ち悪さは、どこか病的なものを感じさせる。あんなつくり込んだ営業スマイルを見せられるのなら、初めから無愛想のまま接客されるほうがマシだと思う。

会社でも、上司にはものすごくゴマをすって自分の意見をまったく言わないくせに、部下には会社や上司に対する悪口ばかりしゃべっている人がいる。

最近は、こうした本音と建て前の距離がありすぎる人が増えているようだ。距離が遠いということは、ふだん本音を抑えていることが多いわけで、ストレスを強くしたり、うつの引き金になったりしかねないと思う。


日本の社会は、本音と建て前をうまく使い分けることが一種の潤滑油になり、人間関係も社会もスムーズにまわっているといわれている。

本音を出しすぎると、この社会では角が立ってしまうし、場合によっては周りからつまはじきにされたりする。日本人は建て前を巧妙に使って、そのリスクを避けるというわけだ。だが、それは本当にいいことなのか？

私は本音を出して、素でいるのがいちばんいいと思っている。素でいることができれば、これほど楽なことはない。素でいようと思えば、あまり格好をつけないことも大事だ。賢く人に見せるのではなく、ダメなところもどんどん出していく。

素というのはやわらかい。やわらかいということは変化ができるということだ。

素というのはその場、その場の状況、状態に合わせて伸びたり、縮んだりするものであり、実は仮面をつけたり外したりする行為よりも、臨機応変な対応力を持っているものである。

ただ、素でいることは、変わらない自分をいかなる場面においても貫くことでは決してないのだ。そこは誤解してはならない。

建て前は最低限使うにとどめ、素に近い状態に自分を常に置く。自分らしい生き方がしたいなら、そうやってあるがままの自分をできるだけ出していくことである。

61

「粋」な人は執着がない

本書のテーマ「自然体」と「粋《いき》」というのは、どういう関係にあるのだろうか？

「ああ、粋だな」と感じる人に出会うことが、最近とんと減った。粋には、人の悪い要素、ダメな部分がまったく入っていない。自分勝手、卑怯、妬み、未練、不誠実、臆病、傲慢、小心、保身、偏見、鈍感……。こうしたものを除いた在り方が粋だとすれば、自然体で生きることはかなり粋に近しいものといえる。

自然体の生き方はどこにも偏ることがなく、とらわれの心を持っていない。粋を妨げる悪い要素は、すべてとらわれの心から生まれるものだ。それゆえ自然体と粋は、かなり近いのである。しかし、粋であることと自然体は、少し違う面もあるように思う。

粋も自然体も、根底においては自分への強い執着を打ち消すところから生まれる。肝心な局面で己をパッと手放すことができるか否か、それが粋と自然体を決定づける。

だが粋の精神は、さらに自己犠牲的な精神を伴う。そこは自然体とやや違うところかもしれない。もっとも、そんな微妙な違いがあるとはいえ、自然体の人が粋に近いものを持っているのは間違いない。粋な振る舞いに接すると、その日は一日中気分がよかったりする。

将棋棋士の羽生善治さんは、そんな粋を感じさせてくれる方である。

以前、羽生さんに鮮やかに一本取られたことがあった。羽生さんと一緒に本をつくったときのことだ。

羽生さんが人づてに私と話をしたいと言ってこられ、初めてお会いしたのが六年ほど前。初対面だったものの、話が盛り上がり七時間近くとりとめのない話をした。

それを聞いていた仲介のプロデューサーが非常に面白かったらしく、まとめて一冊の本にさせてもらえないかとその後、言ってきた。

ところが、出来上がった本を見てみると、どこにも羽生さんのクレジットが入っていない。本文中、インタビュアーの役割を担っていた羽生さんの箇所には、名前の代わりに線が入っているだけだった。

察するに、羽生さんは私との出会いをお金に換える仕事にしたくなかったのだ。それは、私にとっては唖然《あぜん》とするほど粋な指し手であった。

62

「いい人」は自分を偽っている

私は日ごろ、自分に近い世代の人間と交流することがほとんどなく、接する相手といえば、たいてい私より何まわりも下の若い世代である。そんな若い世代を見ていると、いわゆる「いい人」っぽい感じを漂わせているタイプが最近増えたなと思う。

彼らは屈託なく、人あたりもやわらかく、明るい雰囲気を持っているが、必要以上に他人から自分がよく思われたいのでは、と感じさせるところがある。

つまり、いわゆる「いい人」というのは、何も善人というわけではなく、他人から見て「いい人」なのだろう。

しかし、人の目線ばかり気にしていては「自分」という人間は成り立たない。他人の目線に合わせて常に立ち位置を決めているとすれば、何のために生きているのかわからなくなってしまう。

もし、あなたがそんなふうに「いい人」をやりすぎて自分に対して違和感を覚えているなら、「いい人」の仮面を脱ぎ捨てるよう意識するといいだろう。**「いい人」をやめれば、もう少し自分らしい生き方ができるはず**である。

「われ悪党なり」

私は自分のことをそう思っている。人はみな善の部分と悪の部分が混じり合っている。そして、自分が思っている以上に悪の部分が多いものだ。根っからの善人と周りから思われている人であっても、悪の要素はそれなりに必ず持っている。

私の感覚では、人間を形成する善悪の一般的な配分は、悪が7割、善が3割といった印象である。善より悪の要素のほうが多いのは、人は基本、みなエゴイストだからだ。「自分が一番」「自分が誰よりも多くの益を享受したい」、心の底ではそう思っているのが人間だ。そうした欲望を実現するには、相手を計略にかけ、嘘をつき、卑怯な振る舞いをし、せこい計算をしたりする。

こういう悪の要素は、どんな人にも思いあたるものではないだろうか。「そんなもの自分にはないよ」という顔をふだんしている人ほど、悪の部分を自覚したほうがいい。

悪の要素は消えることはない。だが、**悪は自覚することによって、その発現の程度を弱めるブレーキになりうる**のだ。

63

「マイナー感覚」を持って生きる

今の社会は欲望を刺激するものであふれ、身の丈に合った生き方が難しい時代だと思う。身の丈を外れた生き方には、必ずマイナスの反動がある。そうならないためには、「マイナーな感覚」が必要だと私は考えている。

マイナーの反対は、言うまでもなくメジャーだ。多くの人の心をとらえたり、強い影響力を持ったりしているのはメジャーな存在を持つものたちだ。

たとえば、誰もが知っているブランド企業もそうだし、著名なスポーツのアスリートや芸能人、政治家などはメジャーである。資本主義社会をぐるぐるまわるお金は力のあるメジャーに吸い寄せられ、マイナーな存在である大多数の人にはまわってこない。

メジャーは強い力を持っているので信頼があると思われがちだが、それはとんでもない錯覚である。**メジャーなものほど複雑になっていろいろな問題を抱えている**ものだ。

メジャーは自分の力を盾にして、自分たちの利益のためにはマイナーの存在を平気で踏みにじったり、その権利を無視したりする。だから、私は基本的にはメジャーなものはまったく信用していないし、またその力に媚《こ》びることもしない。

私が足場にしているのは、常にマイナーな感覚だ。マイナーな感覚は個人に根差すものゆえ、じつは誰しもが持っている。

だが、メジャーな存在になっている多くのものは、出発点や根っこにおいては自分がマイナーであったことを忘れている。そんなメジャーは、他人を何とも思わない傲慢や鈍感さがあったり、不正なプロセスを経てそこまでになったりしたケースも少なくない。

もちろん、なかにはちゃんとした実力があり、正しいプロセスを経てそうなったものもあるだろう。そういうメジャーは、マイナーな感覚をどこかで忘れることなく、ちゃんと持っていたりするものである。


マイナーにはメジャーとは異質な強さがある。それは、我々の平凡に繰り返される日常のなかにある。**当たり前のごくふつうの日々の営みにこそ、人間が生きることのたしかさと力強さが息づいているのだ。**

そのシンプルさが一人ひとりの出発点であり、また最終的に戻ってくる場所でもある。マイナーという個を離れていくほど、複雑になって問題が起こってくる。

メジャーなものに安易に目をくらまされることなく、自分というマイナーを信じて生きる。そこに焦点を合わせる生き方が、これからの時代ますます必要になってくるのだ。

64

生きるとは、「失う」こと

人が生きていくことは、何かを得て、何かを失うことである。得ることは喜びを伴うのでいいこととされ、失うことは悲しみや怒りを伴うので悪いことと思われている。得たいものの対象は、おおよそモノ、金、地位、評価、名誉といったあたりのもので、みなそれらを自分のものにしようとあくせく生きている。

だが、そんなことばかりにいつも心を砕いているとすれば、極めて不自然だ。なぜなら**何かを得たときは、それと絶えず対になって必ず何かを失っている**からだ。

たとえば、仕事で成功した人の多くは仕事にエネルギーを注いだ分、家族と一緒にすごす時間や、自分が楽しむ時間が犠牲になっている。

反対に、自分が楽しむことを追求している人は、仕事が疎かになる可能性がある。人は何かを得れば何かを失っているし、何かを失えば何かを得ているのだ。

それとは別に、誰しもが年齢を重ねるとともに等しく失っていくものもある。それは若さであり、生命のエネルギーであり、行動する力であり、そして決定的なのは時間だ。目にははっきりと見えない無形のものゆえに、ふだんあまり意識されることはない。

今、流行りの若返り健康法には、この失ったものを何とか取り戻したい人間の深い業《ごう》を感じさせる。しかし、そんな若返り法などという自然の法則に反したものをやっても、しょせん慰《なぐさ》めにしかならないだろう。

最後はみな命を失って、この地上から消え去るのだ。

でも、この事実は別に悲しむべきことではなく、ごく自然な現象にすぎない。我々は失うことが悲しくつらいがゆえに、失うものの多さに目を閉ざしがちだが、**意識して失うものを見つめていくことも大事だ**と思う。

「得る練習」の技術ばかり磨くことをせず、「失う練習」も心のなかでやっていく。**「失う練習」はきっと、より深く命を生き、よりよき生き方へと導いてくれる**に違いない。

生きることは、すなわち「失う」こと。そんな自然なとらえ方が大切なんだと思う。

65

自分の代わりは誰もいない

「自分探し」というのは、今の時代を生きる人にとっては大きなテーマのようである。自分はどこから来てどこへ向かうのか？　生きる意味とは何か？　そんなことを自らに問うことは、自我を持つ人間の性《さが》のようなものだ。

私はわざわざ自分に生きる意味を問いかけたりしないが、あえて答えるとすれば**「この世で生きていくのは私にしかできないことがあるから」**ということになるだろうか。

私の代わりは誰にもできない。あたなの代わりは誰もいない。私もあなたも誰かと取り替えることのできない存在だ。

たとえ、あなたのしていることが誰もがやっている当たり前のものであっても、あなたがそれをしている限り、あなたにしかできない。生きる意味があるとすれば、そんなところから立ち上がってくるのではないだろうか。

生きる意味をあれこれ考えすぎると、思考の迷路にはまってしまう。もし、そんな迷いにはまっているのなら、「自分の代わりは誰もいない」ということを深く感じることだ。

そのような感覚を持てば、瞬間、瞬間にこそ、生きることの「答え」があるのがわかってくると思う。

おわりに

「自然体でいようと思うときは、そう意識しているわけだから、すでに自然体じゃないですよね」

これまでいろいろな取材を受けるなかで「自然体」の話題になったとき、そういうことを言う編集者が何人かいた。

たしかに、「自然体」というものを意識すれば、それは自然体とはいえない。このような認識が一般にされているとすれば、多くの人は「意識」というものをそもそも不自然なものとしてとらえているのだろう。

人は頭を使って意識的に自然界にないものをつくり出す。インターネットや車、テレビなど、自然界にないものが無尽蔵に生まれるのは、そもそも意識が不自然なものだからに他ならない。

もっとも意識の深い部分、無意識の領域は、コインの表裏のように体と深くつながっている。

つまり、本当の自然体になっているとき、人は無意識のスペースに自分を委ねているのだ。「生」の自然な流れは無意識にこそある。

もちろん、「意識」と違って無意識はコントロールできない。だが、「意識」が自然な流れを基本的に邪魔するということを認識しておけば、「意識」を過度に働かせ、不必要に力んだりすることは少なくなるだろう。

無意識というのは「無」である。無のなかにこそ、自然の本当の姿があるのだから、それを下手に殺ぐようなことはしないほうがいい。

二〇一七年八月

桜井章一

桜井章一（さくらい　しょういち）

東京都に生まれる。大学時代に麻雀に触れ、のめり込む。昭和30年代後半、裏プロの世界で勝負師として瞬く間に頭角を現わす。以来、20年間「代打ち」として超絶的な強さを誇り、「雀鬼」の異名をとる。そのあいだ、一度も負けなしの無敗伝説をつくった。現役引退後、著者をモデルにした小説、劇画、映画などでその名を広く知られるようになる。現在、麻雀を通して人間力を鍛えることを目的とする「雀鬼会」を主宰し、全国から集まった若者を指導している。著書に『運を超えた本当の強さ』（日本実業出版社）、『人を見抜く技術』『負けない技術』（講談社）、『努力しない生き方』（集英社）、『逆境を超える知恵』『心温かきは万能なり』（竹書房）などがある。

「自然体《しぜんたい》」がいちばん強《つよ》い

2017年 9 月10日　初版発行

著　者　桜井章一

発行者　吉田啓二

発行所　株式会社日本実業出版社　東京都新宿区市谷本村町 3－29 〒162－0845
大阪市北区西天満 6 － 8 － 1 〒530－0047

編集部　☎03－3268－5651
営業部　☎03－3268－5161　振　替　00170－1－25349
http://www.njg.co.jp/

印刷・製本／三晃印刷

この本の内容についてのお問合せは、書面かFAX（03－3268－0832）にてお願い致します。
落丁・乱丁本は、送料小社負担にて、お取り替え致します。

ISBN 978－4－534－05519－4　Printed in JAPAN

日本実業出版社の本

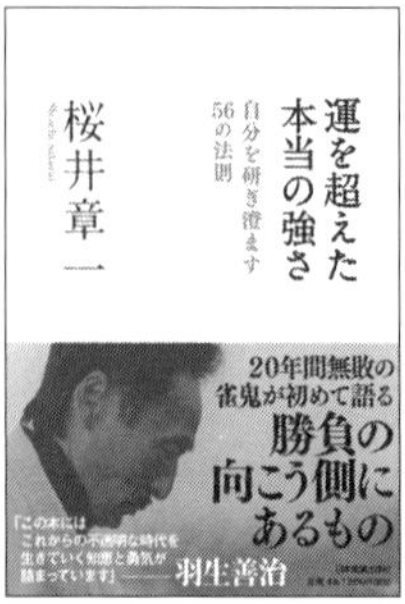

運を超えた 本当の強さ
自分を研ぎ澄ます56の法則

桜井章一 著
定価本体1300円（税別）

20年間無敗の雀鬼が初めて語る、先行きが不安、不透明な時代にこそ大切なこととは？ 「運」「身体」「感覚」「勝負」「生き方」を切り口にした56の法則には、仕事や人生でも活かせるヒントが満載です。

結果を出し続けるために
ツキ、プレッシャー、ミスを味方にする法則

羽生善治 著
定価本体1260円（税別）

25歳で史上初の七冠達成以降も第一線で活躍する、永世六冠の自在の棋士・羽生善治が明かす仕事と人生のヒント。「決断プロセス」「不調の見分け方」をはじめ、何度でも立ち返りたい思考を進化・深化させる法則。

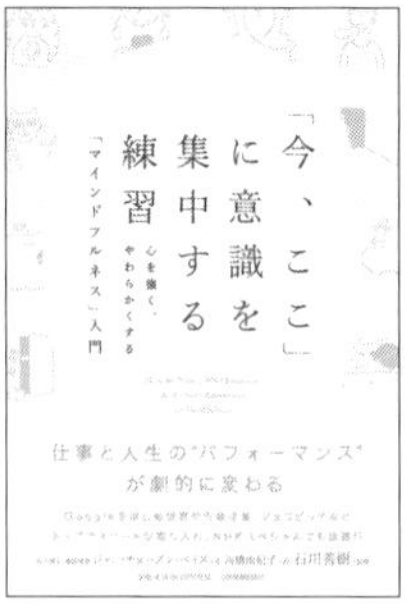

「今、ここ」に意識を集中する練習
心を強く、やわらかくする「マインドフルネス」入門

ジャン・チョーズン・ベイズ 著
高橋由紀子 訳
定価本体1600円（税別）

「マインドフルネス」が53の練習で手軽に実践できる。「今、ここ」に意識を集中すると、過去の出来事にくよくよして後悔することも未来への不安もなくなり、仕事と人生のパフォーマンスが劇的に変わる！

定価変更の場合はご了承ください。